MODERN HUMANITIES RESEARCH ASSOCIATION
CRITICAL TEXTS
VOLUME 82

Two Shakespeare Adaptations:
'Le Vieillard et ses trois filles'
and
'Timon d'Athènes'

By Louis-Sébastien Mercier

MODERN HUMANITIES RESEARCH ASSOCIATION
CRITICAL TEXTS

The MHRA Critical Text series aims to provide affordable critical editions of lesser-known literary texts that are out of copyright or are not currently in print (or are difficult to obtain). The texts are taken from the following languages: English, French, German, Italian, Portuguese, Russian, and Spanish. Titles are selected by members of the distinguished Editorial Board and edited by leading academics. The aim is to produce scholarly editions rather than teaching texts, but the potential for crossover to undergraduate reading lists is recognized.

Editorial Board
Chair: Dr Jessica Goodman (University of Oxford)
English: Dr Stefano Evangelista (University of Oxford)
French: Dr Jessica Goodman (University of Oxford)
Germanic: Professor Ritchie Robertson (University of Oxford)
Hispanic: Professor Ben Bollig (University of Oxford)
Italian: Professor Jane Everson (Royal Holloway, University of London)
Portuguese: Professor Stephen Parkinson (University of Oxford)
Slavonic: Professor David Gillespie (University of Bath)

texts.mhra.org.uk

Two Shakespeare Adaptations: 'Le Vieillard et ses trois filles' and 'Timon d'Athènes'

By Louis-Sébastien Mercier

Edited by Joseph Harris

Modern Humanities Research Association
Critical Texts 82
2023

Published by

The Modern Humanities Research Association,
Salisbury House
Station Road
Cambridge CB1 2LA
United Kingdom

© Modern Humanities Research Association, 2023

Joseph Harris has asserted his right under the Copyright, Designs and Patents Act 1988 to be identified as the author of this work. Parts of this work may be reproduced as permitted under legal provisions for fair dealing (or fair use) for the purposes of research, private study, criticism, or review, or when a relevant collective licensing agreement is in place. All other reproduction requires the written permission of the copyright holder who may be contacted at rights@mhra.org.uk.

First published, 2023

ISBN 978-1-83954-233-6

CONTENTS

Introduction	1
1. Domesticating Shakespeare: from tragedy to *drame*	3
2. Reworking the unities	8
3. Moral lessons: the politics of ingratitude	9
4. *Oser être bon*: virtue in an ungrateful world	13
5. Endings	15
6. Editions	17
7. Treatment of base texts	18
Le Vieillard et ses trois filles	19
Timon d'Athènes	65
Bibliography	154

INTRODUCTION

Louis-Sébastien Mercier (1740-1814) rarely had anything but praise for William Shakespeare — a writer who was, in his eyes, quite simply 'le poète immortel'.[1] Mercier endorses this supposed immortality as early as his utopian time-travel novel *L'An 2440* (1771), in which Shakespeare is one of only a tiny handful of authors whose works are permitted to survive in the single library of twenty-fifth-century Paris. Like his friend, Shakespeare's early translator Pierre Letourneur, Mercier was among the first French writers to recognize the English playwright's 'greatness as a creative genius, one whose dramatic forms if irregular are nonetheless perfectly adapted to the vast dimensions of his subjects'.[2] The antithesis of 'classical' French regularity, Shakespeare struck Mercier as a dramatist of nature, one whose aesthetic forms, despite being 'sauvages', 'n'en sont pas moins belles'[3] and whose 'imagination juste et vraie dans son vol immense embrasse tous les âges et saisit les hommes de tous les lieux'.[4] His plays offered a natural rawness that, Mercier believed, could help French playwrights shake off the artificial and arbitrary aesthetic shackles of the past.

Yet this supposed naturalness and universality does not necessarily mean that Shakespeare was universally admired. Even Voltaire, who had first introduced Shakespeare to the mainstream French public through his *Lettres philosophiques* (1734), came to regret having given publicity to this 'sauvage ivre', whose works he later dismissed as an 'énorme fumier' dotted with occasional 'perles'.[5] As Voltaire recognized to his aesthetically conservative chagrin, the late eighteenth century was undoubtedly warming to the English playwright. Indeed, when Mercier wrote his first Shakespeare adaptation, *Les Tombeaux de Vérone* (from *Romeo and Juliet*) in 1782, two collected editions of Shakespeare translations were already available,[6] and a handful of adaptations had also found their way onto

---

[1] 'Nouvel examen de la tragédie française', in *De la littérature et des littérateurs suivi d'un nouvel examen de la tragédie française* (Yverdon: [n. pub.], 1778), pp. 89-159 (p. 123).
[2] Henry E. Majewski, *The Preromantic Imagination of L.-S. Mercier* (New York: Humanities Press, 1971), pp. 162-63.
[3] See below, p. 21.
[4] Mercier, 'Nouvel examen', pp. 139-40, n. 57.
[5] Voltaire, *Dissertation sur la tragédie ancienne et moderne*, published alongside his *Sémiramis* (1749), ed. by Robert Niklaus, in *Complete Works of Voltaire*, 205 vols (Geneva, Banbury, and Oxford: Institut et Musée Voltaire and Voltaire Foundation, 1968-2022), XXXA (2003), 161; and letter to d'Argental, 19 July 1776 (D20220), in *Correspondence and related documents*, ed. by Theodore Besterman, in *Complete Works of Voltaire*, CXXVII (1975), 231-33 (p. 232).
[6] The first of these was Pierre-Antoine de La Place's *Théâtre anglois* (1746-49); the second was the far more substantial *Shakespeare, traduit de l'anglais* (1776), by Letourneur. See John Golder, *Shakespeare for the Age of Reason: The Earliest Stage Adaptations of Jean-François Ducis 1769-1792* (Oxford: Voltaire Foundation, 1992), pp. 1-2.

the French stage. The pioneer here was Jean-François Ducis, whose reworkings of Shakespearean tragedies, starting with *Hamlet* (1769) and *Roméo et Juliette* (1772) and ending with *Othello* (1792), had considerable popularity with audiences.

One advantage that Mercier had over Ducis is that he did at least have some command of English; he had spent some time in England around 1780 (shortly before adapting *Romeo and Juliet*),[7] and, as he points out in his preface to *Timon d'Athènes*, was able to read Shakespeare in the original. Sadly for him, however, Mercier's familiarity with and enthusiasm for Shakespeare did not translate into box-office success; his five adaptations of Shakespeare were utter failures. None appears to have been performed (at least in France[8]); two, indeed, were never even printed.[9] Of the two plays edited in this volume, the earlier — *Le Vieillard et ses trois filles* (1792), adapted from *King Lear* — was apparently accepted for performance at the Théâtre du Cirque au Palais-Égalité, but the theatre's closure in June 1792 and Mercier's subsequent arrest by the Revolutionary government in 1793 frustrated that possibility.[10] The second play, *Timon d'Athènes* (1794), was written during Mercier's imprisonment under the Reign of Terror, and although two editions were published over the next half-decade there is no evidence it ever reached the stage. Yet these two plays are not mere abortive historical curiosities. After all, by the 1790s, Mercier was an experienced playwright, having produced at least twenty-five plays and various works of literary and dramatic theory, and so both his choices of subject matter and the changes he makes to the original material can offer interesting insights into his understanding of national theatres, his conception of the dramatic hero, and his mature playwriting process in general. Mercier's politicized *Timon d'Athènes* in particular has long been recognized as an interesting document on his evolving attitude towards the French Revolution.

The two plays in this volume form an interesting diptych. Written within two years of each other, they adapted works produced during a comparably short period in Shakespeare's career, probably around 1606. Emerging at roughly the

---

[7] See Jean Gillet, 'Le Modèle anglais: histoire d'un revirement', in *Louis Sébastien Mercier (1740-1814): un hérétique en littérature*, ed. by Jean-Claude Bonnet (Paris: Mercure de France, 1995), pp. 375-95 (p. 385).

[8] There are indications that *Les Tombeaux de Vérone* was staged in Florence and Venice. See Robert Aggéri, 'Le répertoire du théâtre de Louis-Sébastien Mercier en province', *Dix-huitième siècle*, 35 (2003), 519-36 (p. 527).

[9] One manuscript from Mercier claims: 'J'ai arrangé pour la scène française le *Timon d'Athènes* de Shakespeare, il est imprimé; j'ai fait la même chose pour son *Othello* et son *Imogène* [i.e. Cymbeline]'; see Golder, *Shakespeare*, p. 263, n. 5. The manuscript for *Imogène* has survived: *Imogène, pièce dramatique en prose librement traduite de Shakespeare* [n.d.], Bibliothèque de l'Arsenal, fonds Rondel, Papiers L.-S. Mercier, VI, 2, MS 15080 (4), f. 37; see Golder, *Shakespeare*, p. 231, n. 5.

[10] See 'Répertoire', p. 529.

same time, *King Lear* and *Timon of Athens* share various thematic and stylistic qualities, some of which Mercier imports into his own adaptations, while rejecting others.[11] If one strips the plays down to their bare bones — which is effectively what Mercier does when he entirely expunges the whole sub-plot involving the bastard Edmund from *Lear* — they share some basic common narrative threads: both trace the downfall and eventual death of protagonists who start out in positions of comfort and power but realize too late that their misplaced generosity has been callously exploited by others (Lear's elder daughters, Timon's supposed friends). Confronted with their beneficiaries' ingratitude, both men succumb to an irrational rage, flee civilization, strip off their clothes, and end up as outcasts, railing powerfully yet impotently against the injustice that has befallen them.

Given these broad thematic and narrative overlaps, I have decided to discuss Mercier's two adaptations alongside each other here rather than separately. Despite these similarities, though, the two original plays do tend to stand poles apart in Shakespeare's canon; while *King Lear* has long been hailed as a masterpiece of world literature, *Timon of Athens* has the dubious honour of being perhaps 'Shakespeare's least loved play'.[12] Flying in the face of modern critical consensus, Mercier instead treats *Timon* with the greater reverence, producing his closest and perhaps most dramatically successful Shakespeare adaptation,[13] while reducing the grandly epic *King Lear* to an almost sacrilegiously flimsy family drama. As we shall see, however, even though Mercier's *Timon d'Athènes* largely follows Shakespeare's overall structure, it is not in any sense a mere translation; indeed, it rarely contains more than a few consecutive lines of direct translation at a time. Rather, Shakespeare's original offers Mercier a loose, general template to fill in as he wishes.

1. Domesticating Shakespeare: from tragedy to *drame*

Louis-Sébastien Mercier was an astoundingly prolific writer. As well as being a playwright, pamphleteer, and poet, he also produced works of philosophy, fiction, and literary theory, as well as editing a thirty-seven-volume edition of

---

[11] For discussions of some resemblances between the two original plays, see (among others) Kenneth Muir, 'Introduction' to *King Lear* (London and New York: Routledge, 1972), p. xxiii, and Anthony B. Dawson and Gretchen E. Minton, 'Introduction' to William Shakespeare, *Timon of Athens*, 3rd edn (London: Bloomsbury, 2008), pp. 87–89. Modern scholarship has also established that large parts of *Timon of Athens* were written by, or in collaboration with, Shakespeare's younger contemporary Thomas Middleton; because this was not common knowledge in eighteenth-century France, I refer to the text as Shakespeare's throughout this edition. See John Jowett, 'Introduction' to *Timon of Athens* (Oxford University Press, 2008), pp. 132–53, and Dawson and Minton, 'Introduction', pp. 1–145.
[12] Jowett, 'Introduction', p. 1.
[13] Majewski calls *Timon d'Athènes* 'a closer and better adaptation of the Shakespeare original than any he had thus far attempted' (*Preromantic*, p. 83).

Jean-Jacques Rousseau's writings (to whose novel La Nouvelle Héloïse he added a final letter). Mercier is best known nowadays for his radical novel *L'An 2440* and for his various evocative sketches of Parisian life published as the *Tableau de Paris* (1781–89) and *Le Nouveau Paris* (1793–98); it was also the former of these collections that made Mercier particularly famous in his lifetime. Despite this fame, and the popularity of some of his plays, however, Mercier's 'prodigious literary production' remained 'little appreciated by contemporary critics'.[14] He is scarcely mentioned by his more famous contemporaries, such as Rousseau and Diderot, and those who did acknowledge him tended to regard him as 'merely an eccentric of confusing and multiple contradictions, alternating irresponsibly between irrepressible optimism or disillusioned iconoclasm' — elements that we see at work across these two plays.[15]

The genre in which Mercier was most productive was the theatre; he wrote various works of dramatic theory, and countless dramas in which he attempted to put his dramatic precepts into practice. He also adapted various foreign plays, not only by Shakespeare but also by George Lillo, Carlo Goldoni, and later Friedrich Schiller. Part of the appeal of foreign, and particularly English, theatre for Mercier was its defiance of the turgid mass of generic conventions that French orthodoxy had regarded as sacrosanct for over two centuries. Shakespeare in particular offered Mercier a radical new model of theatre that was unconstrained by artificial conventions. Mercier insisted, however, that the dramatist's aim should be to take general inspiration from Shakespeare rather than to imitate him slavishly: 'il ne s'agit donc point, en lisant Shakespear [sic], de l'imiter; mais de modeler en grand à son exemple, et d'être attentif aux détails nécessaires qui amènent par gradation la vérité, et font jaillir tous ses rayons'.[16]

The boldness and ambition of such aspirations, however, are rarely reflected in dramatic practice. In different ways, indeed, Shakespeare's eighteenth-century French adapters invariably sought to contain his seemingly radical freedom and imagination to make them palatable to French audiences. Mercier's contemporary Ducis notoriously attempted to force Shakespeare's often expansive plots into the dramatic conventions of 'classical' French tragedy: the three 'unities' of time, place, and action; rhyming couplets; *vraisemblance*; *bienséance*; and so forth.[17] In effect, the overall strategy Ducis adopts is akin to what translation theorist Lawrence Venuti calls the 'domesticating' translation, which aims to adapt the original work to suit the expectations and cultural reference points of its target audience.[18] By following established French conventions for tragedy,

---

[14] Ibid., p. 1.
[15] Ibid., p. 3.
[16] 'Nouvel examen', p. 127.
[17] See Golder, *Shakespeare*, passim.
[18] Venuti refers to the 'domesticating practice' as 'an ethnocentric reduction of the foreign text to receiving cultural values, bringing the author back home'. See *The Translator's Invisibility:*

Ducis thus aimed to invest his versions with some of the dignity of Racine's or Corneille's tragedies. Despite his own radical aspirations, Mercier too sought to avoid shocking dominant aesthetic tastes in his adaptations; for example, he speaks in his preface to *Timon d'Athènes* of his efforts to adapt Shakespeare to suit the 'goût sévère d'un auditoire parisien' (p. 66).

This Introduction will explore a number of the different strategies Mercier adopted in order to make Shakespeare palatable to his French audiences. Many of these involve genre. In the preface to the earlier of these two plays, Mercier explicitly distinguishes his version from Ducis's recent *Le Roi Léar* (1783), announcing curtly that 'M. Ducis a traité le même sujet; il ne me convient pas d'en parler: Il a fait une tragédie; et je n'ai point voulu faire une tragédie' (p. xx).[19] Rather than compete with Ducis on his own generic terrain, Mercier opts to transpose Shakespeare's tragedies into the domestic genre known as the *drame* or 'genre sérieux'. Emerging in the mid-eighteenth century as an intermediate genre between tragedy and comedy, the *drame* had been theorized at length by Denis Diderot in his *Entretiens sur le 'Fils naturel'* (1757) and *De la poésie dramatique* (1758). Yet Mercier soon became its most prolific exponent in practice, producing a string of *drames* throughout the 1770s and 1780s, most notably *Le Déserteur* (1770) and *L'Indigent* (1772). The genre generally sought to focus on the sort of social or domestic problems to which its middle-class audience members could relate, and typically ended happily. Mercier regarded the traditionally rigid distinction between comedy and tragedy as a particularly French affectation perpetuated by a dogged cultural chauvinism — an instance of 'la manie ignorante et superstitieuse de plusieurs gens de lettres en France qui croient qu'il n'existe au monde que leur theatre'[20] — and embraced the works of foreign playwrights like Shakespeare, Calderón, and Goldoni as evidence that other modes were possible.[21] Freed from the conventions of the traditional genres, the *drame* thus became a particularly convenient default mode to accommodate adaptations of foreign works — as, for example, when Mercier adapted George Lillo's bourgeois

---

A History of Translation (London: Taylor and Francis, 1994), p. 15. Some critics have regarded Ducis's adaptations as themselves generically diverse, displaying elements of the *drame*, bourgeois tragedy, or even Romantic melodrama; see Jacqueline Biard, 'L'Image de Jean-François Ducis dans la presse avant la Révolution', *Cahiers Roucher-André Chénier*, 4 (1984) 53–77; Jürgen von Stackelberg, 'Hamlet als bürgerliches Trauerspiel: Ideologiekritische Anmerkungen zur ersten französischen Shakespeare-Bearbeiting von Jean-François Ducis', *Romanistische Zeitschrift für Literaturgeschichte* 3: 1–2 (1979), 122–35.
[19] Interestingly, *King Lear* had not been included in La Place's *Théâtre anglois*, which offers instead a plot summary and a few pages of analysis. Letourneur's fuller Shakespeare edition includes it, in volume v.
[20] 'Nouvel examen', p. 118.
[21] Mercier, *Du théâtre ou nouvel essai sur l'art dramatique* (Amsterdam: van Herrevelt, 1773), pp. 96–97.

tragedy *The London Merchant* (1731) into his first *drame* (*Jenneval, ou le Barnevelt français* (1769)).

Mercier would also follow the template of the *drame* in his Shakespeare adaptations.[22] One of the genre's principal advantages over tragedy, for Mercier, was its typically bourgeois setting. As Mercier argued, everyday spectators struggled to feel empathy for the sufferings of kings and queens; he himself, he claims, can only ever empathize with kings 'comme hommes, […] non comme rois. En mettant bas sceptre et couronne, ils ne m'en deviendront que plus chers'.[23] Of course, this focus on royalty was not a purely French convention; many of Shakespeare's tragic heroes are themselves kings or queens. However, Mercier insists, Shakespeare never compromised his characters' humanity in the name of their social station: 'Tous ses héros sont hommes, et cet alliage du simple et de l'héroïsme ajoute à l'intérêt'.[24] Nevertheless, the elevated social status of tragedy was, in his eyes, an unnecessary obstacle to audience interest, and one that only the greatest playwrights could overcome.

The question of social status was clearly more significant for *King Lear* than for *Timon of Athens*.[25] After all, Shakespeare's Timon is not — despite occasional regal metaphors and one anomalous allusion to his military command — a king or great leader, but rather a wealthy private individual, whose financial downfall remains, at heart, a private matter rather than something of national import. This is not to say that Mercier's version is apolitical; indeed, as we shall see, he invests Timon's downfall with important social and political ramifications. While Mercier thus preserves the general social context of *Timon of Athens*, he takes more radical steps with *King Lear*, transposing its plot into a more bourgeois, domestic context. As he explains, 'j'ai commencé par faire descendre du trône le principal personnage; car ce n'est pas comme roi qu'il nous touche' (p. 21).[26]

---

[22] Of Mercier's extant Shakespeare adaptations, only *Les Tombeaux de Vérone* is labelled a *drame* on its title page. The title page of *Le Vieillard et ses trois filles* labels it vaguely as a 'pièce en trois actes, en prose'; *Timon d'Athènes* is called an 'Imitation de Shakespéare [*sic*]' on the front page, although in both editions the running heads on the odd-numbered pages call it a *drame*.

[23] *Du théâtre*, p. 42.

[24] *Du théâtre*, p. 206.

[25] Since, unlike *King Lear* and *Romeo and Juliet*, Shakespeare's *Timon of Athens* had not yet found its way onto the French stage, Mercier could thus have kept his *Timon d'Athènes* as a tragedy without stepping on Ducis's toes. France had seen a couple of comic treatments of the Timon myth, but these (André Brécourt's *Timon, ou les flatteurs trompés* (1685) and Louis-François Delisle de la Drevetière's *Timon le misanthrope* (1722)) were inspired by Lucian of Samosata, not Shakespeare. Incidentally, Ducis might have embarked on an adaptation of *Timon of Athens*, perhaps at Jean-Jacques Rousseau's behest, but no manuscript survives (see Golder, *Shakespeare*, p. 350). Even if Ducis had adapted *Timon*, it might well not have been directly inspired by Shakespeare's Timon; the version included in La Place's *Théâtre anglois* is based on Thomas Shadwell's own adaptation, *The History of Timon of Athens* (1678).

[26] While the Old Man's family is presumably not aristocratic, it is clearly wealthy: the protagonist and his daughters all have domestic staff, including in Sara's case a 'maître d'hôtel'.

Although it is perhaps unsurprising that a Revolution-era play would avoid sympathetic depictions of kingly heroes, Mercier's 'bourgeoisification' of *King Lear* perhaps also inadvertently flags up one of the advantages of traditional tragedy. After all, one of the most poignant aspects of Shakespeare's play is Lear's growing recognition, once he is dispossessed of his kingship, that he is merely a man, just like the poorest of his subjects.[27] This is something that Shakespeare's first translator, Pierre-Antoine de La Place, had noted back in 1746; as La Place puts it, even if the spectator initially feels scorn and even indignation towards Lear, these feelings dissipate as his suffering increases: 'on se souvient qu'il est homme, et malheureux!'.[28] By giving the hero less far to fall in the first place, Mercier's play thus forfeits the pathos of his — and our — recognition of his humanity, or the man underneath the king's garb.

Another consequence of this move away from tragedy concerns style and use of language. Mercier was unenthusiastic about the 'langage hyperbolique' and 'ton grave' that he claimed were adopted throughout French tragedy.[29] Although Shakespeare often manages to avoid such monotony by switching between prose and verse or by mixing registers, Mercier's adaptations — perhaps surprisingly — favour a more standardized style, adopting not the alexandrine rhyming couplets of Ducis's tragedies but rather a more naturalistic prose throughout. Indeed, whereas Shakespeare's Lear and Timon often become particularly eloquent and articulate in their fits of anger or madness — indeed, it is in this respect that *Timon of Athens* most closely reaches the rhetorical heights of *King Lear* — Mercier's plays often adopt instead a more hesitant, broken style — what he calls '[des] mots simples, entrecoupés' — for his characters, especially those subject to 'les transports tumultueux'.[30] Mercier also all but expunges from his plays the frequent evocations of physical decay, plague, and sickness that both Shakespeare plays use as symbols of moral decline; even when driven to bitterest despair, for example, Mercier's Old Man never calls either daughter 'a boil, | A plague-sore, an embossed carbuncle, | In my corrupted blood', as Lear does to Goneril (II. 3. 412–14). Although Mercier also removes the sometimes coarse comedy that Shakespeare brings into his tragedies via the stock figure of the Fool, a figure entirely purged from both adaptations, he does not remove all comedy; indeed, his *Timon d'Athènes* even adds in some extra comic moments lifted from the second-century Greek satirist Lucian of Samosata's *Timon the Misanthrope*.

---

[27] See, most famously, his self-description as a 'very foolish, fond old man' (IV. 7. 60).
[28] Pierre-Antoine de La Place, *Theatre anglois*, 8 vols (London: [n. pub.], 1746–49), III, 396.
[29] 'Nouvel examen', p. 92.
[30] 'Nouvel examen', p. 102.

2. Reworking the unities

Another aspect of Shakespeare's genius and imagination that impressed Mercier was his indifference to — even his unawareness of — the hallowed traditional unities of time, place, and action. Particularly since the 1630s, French theatre had aspired to an ideal of a single action taking place over the course of a single day in a single location.[31] In Mercier's eyes, the rules governing time and place in particular are utterly absurd and should be banned.[32] For Mercier, these conventions had been developed by poetic legislators like Aristotle, Horace, and Boileau, who had no direct experience of the theatre; with his extensive experience of writing and acting in plays, Shakespeare had a far better practical knowledge of what is feasible onstage. His works demonstrate that a play's action can move widely across time and space without forfeiting interest or *vraisemblance*.

While Mercier taps into some of this flexibility, he still remains somewhat cautious and conservative in practice. In both plays, Mercier allows himself changes of scenery and location between acts — as, say, Beaumarchais does in *Le Mariage de Figaro* (1784) — but never midway through a single act, as Shakespeare often does. Mercier's flexible treatment of time is perhaps more interesting. Clearly enough time passes between his acts for people to travel between the different locations, for Alcibiade (Shakespeare's Alcibiades) to gather together a whole army, or for Timon to speak in act V of tilling the land as his 'travail journalier' (v. 1).[33] Yet Mercier also lets time expand and contract during individual acts to suit his dramatic needs. Roughly half an hour into *Le Vieillard et ses trois filles*, for example, the Old Man announces that 'depuis une heure je ne sais plus si j'existe' (I. 10). In act III of *Timon d'Athènes*, the offended Senators leave Timon's house, reconvene the Senate, and declare Timon's banishment within the space of four scenes. In order to maintain his one-location-per-act structure, Mercier is also sometimes compelled to rearrange, expand, or contract his source material; indeed, whereas Shakespeare's embittered protagonists wander around outdoors for at least two acts each (over three, indeed, in Lear's case), in his two plays Mercier concentrates all the countryside scenes into the final act. In both cases, this change inevitably shifts the overall emphasis further away from the protagonist's sufferings to the victimization that provokes them

---

[31] In practice, interpretations of these conventions differed considerably; see my *Inventing the Spectator: Subjectivity and the Theatrical Experience in Early Modern France* (Oxford University Press, 2014), esp. pp. 31–49.
[32] 'Nouvel examen', p. 105.
[33] This last example might also show the influence of the so-called 'double time scheme' of *Othello*, another play that Mercier supposedly adapted: while preserving the overall impression of intense, swift narrative movement throughout *Othello*, Shakespeare surreptitiously suggests through various verbal formulations that longer periods of time have somehow passed without the spectator's noticing.

— especially in the earlier play, the final act of which is also noticeably shorter than the others.

Of the three traditional unities, Mercier is most respectful of the unity of action, although he also interprets this in his own way. Both his adaptations have a clear and straightforward basic narrative, of a simplicity that is in many respects quite un-Shakespearean — in one case because Mercier strips away all the sub-plots and extraneous characters from his source material, and in the other because the original play was itself highly atypical of its author.[34] As the very title of *Le Vieillard et ses trois filles* implies, what most interests Mercier in *King Lear* is not the characters' identity or social status but the archetypal, almost fairy-tale or folkloric configuration that underlies Shakespeare's work. And yet, although Mercier's play returns us to these basic narrative roots, what is left after he 'strips down' *Lear* is not a tightly-plotted masterpiece of simplicity but rather a strangely episodic work. Indeed, in certain respects Mercier's approach to the unity of action brings him closer to what other eighteenth-century thinkers had variously called the 'unité d'intérêt' or the 'unité de personne'.[35] Despite his own recommendation that a good play should prevent spectators from being able to 'deviner quel est le caractere principal',[36] neither of these *drames* leaves us in any doubt who is the main character. Indeed, with one exception (the Old Man's aged manservant Jones), the only characters who appear onstage in every act are the titular male leads; other characters only appear as and when their actions are relevant to the protagonist.

3. Moral lessons: the politics of ingratitude

Having outlined the general formal and stylistic characteristics of both adaptations, it is now helpful to turn to their themes and content. Holding a 'very serious — not to say solemn — view of the function of the theatre',[37] Mercier insisted that the stage should strive to be 'un objet d'instruction, un honnête délassement, un plaisir utile' rather than a vehicle of simple entertainment.[38] According to Annie Cloutier, this moral vocation underpins all of Mercier's writings, which collectively seek to improve public well-being and virtue on two fronts:

> D'une part, une large portion de son œuvre sert à dénoncer les tares, les abus, les mauvaises lois, les manquements qu'il remarque dans la société; d'autre

---

[34] Andrew Gibson, *Misanthropy: The Critique of Humanity* (London: Bloomsbury, 2017), p. 2.
[35] For a discussion of these, see Harris, *Inventing*, pp. 170–73.
[36] *Du théâtre*, p. 107.
[37] Graham E. Rodmell, *French Drama of the Revolutionary Years* (London, New York: Routledge, 1990), p. 10.
[38] *Du théâtre*, p. 216.

part, il cherche à donner un portrait, le plus exact possible, de l'homme et du monde dans lequel il évolue.[39]

Along similar lines, my discussion here will explore the general social and moral failings evoked in both plays, before turning to Mercier's depiction of the protagonists. The predominant moral failing depicted in both plays is, as in the Shakespearean source material, ingratitude. While the ungrateful greed of Timon's false friends had long been a key theme in versions of the Timon myth, Shakespeare's Lear also rails against the 'monster ingratitude' (I. 5. 37) shown by his daughters. Mercier echoes Lear's formulation when in his preface he imagines his play being used to edify or to punish any 'monstres d'ingratitude' — by which he means not just thankless children, but 'tous ceux qui ont méconnu, oublié, outragé leurs bienfaiteurs' (p. 21).

If moral lessons are taught most effectively through the punishment of wrongdoers, then such lessons are certainly discernible in *King Lear*: Lear's two ungrateful daughters are eventually undone by their own greed and selfishness, both ending up dead at Goneril's hand. In contrast, Mercier's adaptation proves strangely open-ended and unresolved. Not only do the two greedy daughters receive no punishment, but since they do not even appear in the final act they also have no opportunity to redeem themselves or be definitively reconciled with their father. If Mercier intends a moral lesson here, then, it presumably operates not through the daughters' eventual fate but rather through the sheer depiction of their unpleasantness in earlier acts, not least their deliberate conspiracy against their father at the start of act II. In *Timon d'Athènes*, Mercier depicts the fraudulence and the hypocrisies of Timon's dinner guests rather more theatrically, through the copious use of stage directions, asides, and other dramatic devices. Here, characters pledge their affection with an 'effusion feinte' (I. 5) or privately admit to the audience that 'tout ceci n'est qu'une feinte' (I. 3), while the cynical onlooker Apémentès also punctures their self-interested flattery with various sarcastic comments.

Yet this hypocrisy gains a far wider political resonance in *Timon d'Athènes*, and to fully appreciate this it is helpful to consider the play in its historical context. As he recounts in his preface, Mercier wrote the play during his period of imprisonment during the Reign of Terror.[40] Unsurprisingly, this was a period of deep personal torment for Mercier. He had initially welcomed the Revolution, whose ideals seemed to chime with his own utopian aspirations as expressed in

---

[39] Annie Cloutier, 'Un corps et une plume pour habiter le temps: l'œuvre en miettes de Louis Sébastien Mercier', unpublished doctoral thesis, Université Laval, 2011, <https://corpus.ulaval.ca/entities/publication/4ec2b6d9-bee2-4e6a-a0f9-7fb0a65 12cf0> [accessed 8 September 2022].

[40] Curiously, Aggéri claims (without offering any justification or acknowledging any conflict with Mercier's own preface) that Mercier submitted the manuscript of *Timon d'Athènes* to the Comédie-Française on 20 June 1793 — in other words, months before his imprisonment. See 'Répertoire', p. 529.

L'An 2440 and elsewhere.[41] Mercier sometimes even claimed to be one the intellectual instigators of the Revolution; in 1792 he insisted that no other living author had previously offered such a 'foule' of 'idées révolutionnaires'.[42] In the face of mounting violence, however, Mercier's excitement swiftly turned to disenchantment; allying himself with the more moderate Girondins, he soon condemned the Revolutionary government as 'sanguinocrates' who had profaned the Revolution's purpose[43] and 'corrompu tout à la fois, la politique, les lois, la langue et la morale' (p. 67).

Mercier's grievances became particularly acute during his imprisonment from October 1793 to October 1794. The letters he wrote to his wife from prison testify to his deep sense of being neglected and rejected by others: 'Personne ne pense plus à moi, que vous: voilà les hommes!'.[44] Even if, as Cloutier puts it, some part of his personality optimistically refuses to see humanity as 'méchant[e] par nature',[45] it is perhaps unsurprising if, during this bleak period of imprisonment, disillusionment, and isolation, Mercier's thoughts turned to misanthropy. Indeed, his preface explicitly links the political situation to his play's misanthropic themes; he reflects that current events will strike future historians as merely 'un roman calomnieux de la nature humaine', and that, having witnessed such brutality, 'il faut bien aimer les hommes pour les aimer encore' (p. xx).

Mercier felt that the Revolutionary government had not only fallen short of the Revolution's noble ideals but also sought to mask its failings with the use of grand oratory and demagoguery. Correspondingly, his play often suggests the existence of a gulf between the noble rhetoric of the Athenian Senators, who 'se jou[ent] des mots les plus sacrés' (III. 5), and the degraded reality. Just as Timon's dinner guests (many themselves Senators) deceive him with their façade of sincere friendship, the Senate itself turns out to be a 'foyer de discordes où, sous le faux nom d'amis du peuple, sont les plus grands ennemis de la liberté publique' (III. 4). The fact that these two quotations come not from the misanthropic Timon but from other characters — a disillusioned slave and the exiled general Alcibiade, respectively — indicates Mercier's desire to develop and expand his political critique well beyond what we find in Shakespeare. The Senators' exploitation of Timon is not, in Mercier's play, a one-off case of opportunistic parasitism, but merely one instance of a far more general phenomenon — one that has both various detractors and many, many victims. Mercier thus symbolically establishes

---

[41] See 'Un corps', esp. pp. 137-39.
[42] Mercier, 'Avertissement' to *Le Ci-devant noble, comédie en trois actes* (Paris: Cercle social, 1792), p. i.
[43] Mercier, 'Nouveau discours préliminaire', in *L'An deux mille quatre cent quarante. Rêve s'il en fut jamais, suivi de l'homme de fer, songe*, 3 vols (Paris: Brosson et Carteret; Dugour et Durand, 1799), I. x.
[44] Mercier, 'Lettres de prison', in *Le Nouveau Paris*, pp. lxxxiii–lxxxiv (Paris: Mercure de France, 1994), p. lxxxi.
[45] 'Un corps', p. 168.

Timon as just one victim — albeit an exemplary one — of a corrupt political regime.

Alcibiade's opposition between 'amis' and 'ennemis' is particularly resonant in Mercier's play. Timon himself regards friendship as a quasi-religious duty, and the very word 'amis' as a 'nom sacré' (I. 4). Even when he has become a fully-fledged misanthrope, Timon retains a reverence towards friendship as an ideal; he despairs at those 'monstres' who have 'trahi les devoirs les plus sacrés de l'amitié' (III. 10), and announces that hearing the word 'amitié' abused produces in him 'l'effet que produit le blasphème, sur une oreille pieuse…' (III. 4). Conversely, Timon's dinner guests take their professed friendship for their host to blasphemous lengths, treating his salon as 'le temple de l'amitié' and Timon himself as the 'divinité' of friendship (I. 4). Mercier's play thus associates insincerity with a form of both blasphemy and monstrosity. Just as the Revolutionary leaders abuse a rhetoric of liberty and other values, the Senators prove their villainy by their readiness to pay lip-service to virtue, such as when Lucidès tells Timon's slave Myrphon that gratitude is 'le devoir le plus sacré d'un homme juste' (III. 4). We should note, in passing, that Mercier contrasts — sometimes quite explicitly, as here — the cynical deceptions of the Senators with the honest devotion of the underclass; not unlike the enslaved West Indians in Olympe de Gouges's *L'Esclavage des noirs* (1784), Timon's slaves show a touching if implausible dedication to their virtuous master which, if he noticed it, would surely temper the universality of his misanthropy.

The Senate also uses lies and deception to justify its own abuses of power. Unlike in Shakespeare, where Timon flees Athens in misanthropic disgust, Mercier's Timon is banished from the city on a trumped-up charge of hastening 'corruption publique' though luxurious decadence (III. 6). As the audience is aware, the real cause of this banishment is the Senators' humiliation; just as in Shakespeare, the embittered Timon tricks his guests, luring them to his house with the prospect of another banquet before exposing their greed by offering them empty plates. However, while this episode is largely gratuitous in Shakespeare's play, Mercier works it into his narrative by turning it into the underlying cause of Timon's banishment. Two other citizens are also banished by the Senators: Alcibiade and the unseen statesman Phocion (Mercier's invention). Whereas Shakespeare gives a reason for the former's banishment (he had defended a criminal whom the Senate had sought to execute), Mercier's play does not give a pretext for it, and so we are invited to regard it as an arbitrary or personally vindictive abuse of power. Like his Shakespearean counterpart, Alcibiade swears revenge and assembles an army; realizing this threat, the Senators finally attempt to enlist the now misanthropic Timon to help avert the invasion.[46] Even in their

---

[46] Mercier tightens Shakespeare's plotting here. Whereas Shakespeare's play unexpectedly casts Timon as having the military capacities needed to repel Alcibiades' forces, in Mercier's play

desperation, however, they remain cynical and continue to abuse noble ideals; what repentance they show is motivated more by self-interest than by guilt, and they falsely claim that Timon's banishment was the will of the people rather than their doing.

In Shakespeare's play, Alcibiades' invasion is finally averted after Timon's death, through an eleventh-hour peace treaty with the Athenians. Mercier, conversely, gives no indication that Alcibiade will relent; his play closes with the implication that violent retribution will soon befall the criminal Senate in the form of Alcibiade's invasion. Given Alcibiade's earlier sympathy for the 'malheureux Athéniens' (III. 4), it seems likely that he will limit his vengeance to those 'ennemis de la liberté publique' in the Senate rather than extending it to, as the misanthropic Timon urges him to, the entire 'espèce humaine, corrompue, avilie dans nos murs' (V. 2).

4. *Oser être bon*: virtue in an ungrateful world

As we have seen, both plays clearly establish their various antagonists as unambiguously vicious — self-interested, opportunistic, deceptive, and above all ungrateful. Yet this does not mean that their victims are therefore straightforwardly virtuous. Like their Shakespearean models, the Old Man and Timon both turn out to be, morally speaking, highly ambivalent figures — not only for their naivety in falling prey to others in the first place, but also for their extreme response when they uncover the truth. Indeed, whatever his prefaces might suggest, Mercier as dramatist seems to be interested in ingratitude less on its own terms than as a problem that puts his protagonists' own morality and fortitude to the test. This concern is reflected by a question that surfaces, more or less explicitly, in both plays:

> JONES. Hô! Qui osera désormais être bon, quand... (*Le Vieillard et ses trois filles*, I. 1)

> TIMON. Qui osera désormais être bon, puisque la bonté, qui fait les Dieux, engendre tant d'ingrats? (*Timon d'Athènes*, IV. 6)

In their shared formulation, 'oser être bon', Jones and Timon both rework Immanuel Kant's Enlightenment rallying cry, 'sapere aude!' (dare to know!)[47] to reflect the moral challenges of being kind in a thankless world.

While the Old Man and Timon are both generous, their generosity is not unproblematic. Both men use their generosity to buy affection or services from

---

the Senators want Timon to use his personal influence over Alcibiade to get him to call off the attack.
[47] Immanuel Kant, 'Beantwortung der Frage: Was ist Aufklärung?', *Werke*, ed. by Wilhelm Weischedel, 10 vols (Darmstadt: Wissenschaftliche Buchgesellschaft, 1968–70), IX. 53.

others. At the start of *Le Vieillard et ses trois filles*, the Old Man assumes that having given all his wealth to his two favoured daughters henceforth entitles him to unrestricted lodging, services, and respect from their households, asking 'n'ai-je pas tout payé d'avance, tout donné, prodigué à mes Enfants, chez qui je vis?' (I. 5). The initially philanthropic protagonist of *Timon d'Athènes* likewise showers his guests with gifts, explicitly seeking to secure 'la conquête des cœurs de tous ceux qui m'environnent' (I. 7). Uncomfortable with anyone else adopting the position of gift-giver, Timon even seeks to outdo his guests' own generosity, repaying others' gifts to him — Charitidès's hunting dogs, Amarilla's dance — with disproportionate liberality in order to ensure their indebtedness to him.

The protagonists' generosity is also economically unviable. In both cases, the audience is already aware of the financial danger hanging over them from the start, thanks to the opening monologues of the servant Jones and the cynic philosopher Apémentès (Shakespeare's Apemantus). Consequently, we — like our onstage surrogates — can only look on passively in trepidation as the protagonists gradually realize the enormity of their actions.[48] Initially, Timon and the Old Man bask in the fantasy that their generosity is fully reciprocated on an affective level by their beneficiaries, and will be repaid in kind on request. When they are disabused, however, both swiftly fall into a state of misanthropic folly. Madness had of course already been a key theme of *King Lear*, with the king's descent into mental chaos being echoed in the subplot involving Edgar's disguise as the madman Poor Tom. Mercier, conversely, concentrates madness only on the Old Man, who swiftly realizes that his daughters' behaviour will cause him to 'devenir insensé' (I. 11) or 'perdre la raison' (II. 4). The daughters are quick to support this diagnosis, claiming that 'Son esprit est aliéné; il est vraiment atteint de folie!… et d'une folie incurable' (II. 7). Unsurprisingly, his madness initially fixates on the ungrateful daughters, whom he compares to 'animaux féroces' (II. 8) and to the infernal Furies (III. 3). Yet their disobedience swiftly takes on wider, even universal proportions in his disordered mind. Using precisely the same formulation that Timon will use in the later play, he announces that 'tout est oblique et faux dans le cœur humain', before adding that 'la noire ingratitude' is inherent to human nature (II. 8). He particularly warns his servant Jones never to trust professions of 'ce qu'on appelle l'amitié', which he calls 'le mot le plus trompeur dont se servent ici-bas les traîtres humains' (II. 8). As his madness takes hold, the Old Man falls prey to apocalyptic visions of the sun falling out of the sky, the earth being stripped bare of life, and men devouring each other (III. 3);

---

[48] In this respect, Mercier is following Diderot's preference, developed in *De la poésie dramatique*, for plots where the spectator is made painfully aware of the full situation from the start. I discuss this in 'The Aesthetics of Torture: Diderot's Theater of Cruelty', in *Shadows of the Enlightenment: Tragic Drama During Europe's Age of Reason*, ed. by Blair Hoxby (Columbus: The Ohio State University Press, 2022), pp. 237–58 (pp. 252–56).

at times, he even embraces such genocidal fantasies, claiming that 'Si j'avais un glaive, [...] je faucherais l'espèce humaine' (II. 8).

While misanthropy had also sporadically surfaced in Shakespeare's *King Lear* — for example in Lear's condemnation of 'ingrateful man' (III. 2. 8–9) — Mercier's adaptation develops the theme considerably more fully, suggesting that *Timon of Athens* might already have been on his mind some time before his political imprisonment. As already noted, Mercier recycles the misanthropic phrase 'tout est oblique et faux dans le cœur humain' in *Timon d'Athènes*, clearly deeming it significant even though it has no direct equivalent in either Shakespeare tragedy. While echoing the Old Man's, Timon's descent into misanthropic folly is reflected in his behaviour as well as his language. When he learns of his bankruptcy, Timon's delirium is legible in his physical appearance and actions; his once sumptuous clothes now 'en désordre' (III. 10), he wrestles with his slaves and physically grabs one by the throat. As with the Old Man, what pushes Timon over the edge is less his financial loss than the loss of his comforting illusions about other people's affection for him. The 'douce chimère de l'amitié', he exclaims, will henceforth be replaced by the 'noir spectre de l'ingratitude' (III. 10). Mercier's Timon retains a certain self-awareness even in his misanthropic madness. In one of the play's central scenes, Mercier grants his Timon a monologue in which he wrestles with his nascent misanthropy; after wishing death only on the corrupt Senators, Timon soon starts to feel 'tous les poisons de la haine' circulate in his heart, fearing that they will shortly spread over 'tout le genre humain' (III. 3). Horrified at his own developing hatred, Timon nonetheless recognizes it as the only sentiment 'qui m'attache encore à la terre' (III. 3), and reasons that 'Ce n'est qu'en devenant monstre, à l'exemple de tous ceux qui m'entourent, que je deviendrai, je crois, moins misérable' (III. 3). Timon's misanthropic madness is thus, it seems, at least in part, a conscious strategy; indeed, even in the final act he insists that his hatred is not natural to him or 'faite pour mon cœur' (V. 3).

5. Endings

The final opportunity offered by the *drame* relates to its conclusions. Having shaken off the conventions of tragedy, Mercier is free to replace the various deaths that end *King Lear* (and *Romeo and Juliet*) with touching scenes of reconciliation, much as the English playwright Nahum Tate had done in his own popular, non-tragic *The History of King Lear* (1681). The reconciliation of father and daughter that we find in Tate and Mercier has its origins in Shakespeare, whose Cordelia swiftly nurses Lear back to sanity after their reunion in act IV scene 7; the later writers, however, abandon Shakespeare's conclusion, in which father and daughter are promptly arrested and die in the final act. The ending of *Le Vieillard et ses trois filles* is curious on various levels. As we have already seen, the final act is by far the shortest of all three, and since the two wayward daughters do not set foot onstage we cannot know their response to their father's restored sanity or his forgiveness. The one daughter who does appear is the youngest, Caroline, who — unlike Shakespeare's Cordelia — does not appear onstage until this final act, and indeed has scarcely been mentioned previously. As a result, her eventual appearance and her ability to restore her father's sanity lend her an almost supernatural function as a *deus ex machina*. Indeed, Mercier seems keen to suggest that this conclusion — facilitated by a woodcutter symbolically named d'Angeli — is an act of divine providence; the Old Man repeatedly mistakes his daughter for an angel, and even when his delirium lifts, he continues to consider her as fulfilling Heaven's work. This sudden shift to a religious lexis might serve in part to distract from the narrative clumsiness of the resolution. Indeed, when Caroline insists (implausibly) that her sisters are indeed repentant, Mercier might be hoping that her implied role as divine mouthpiece, and the general atmosphere of emotion and sensibility, will invite us to lend her words a certain legitimacy. Whatever the case, the ultimate focus of the conclusion is on the wronged man who learns to retract his curses and to forgive, rather than on the repentance of the wrongdoers.

Mercier also departs from Shakespeare's denouement in *Timon d'Athènes*, albeit less radically. Timon's offstage death is one of the oddest in Shakespeare's canon; indeed, Shakespeare treats it so mysteriously that some commentators have justified the play's conclusion on a poetic rather than a strictly causal level.[49] Although Mercier tightens overall narrative coherence by showing us Timon taking his own life, the psychological motivations for his act are themselves rather unclear — thus implying that, once again, Timon's death perhaps needs to be understood as the symbolic or poetic culmination of certain thematic tendencies that have been developing throughout the play. Because of his reckless financial mismanagement, Timon has shown a certain tendency towards self-destructiveness throughout. Following Shakespeare, Timon's generosity had repeatedly been figured as a form of cannibalistic self-sacrifice in which Timon offers himself up to the 'morsures venimeuses' (I. 5) of his parasitical guests; this imagery even gains eucharistic resonances when Timon offers up his body and blood to his creditors (III. 10). Yet Mercier adds a political slant to this cannibalistic imagery, claiming in his preface that the leaders of the Revolution have given rise to a 'véritable cannibalisme', and having Timon describe himself in the final scene as having been '*dévoré* […] de l'amour du bien public' (v. 7, my emphasis). Anticipating his upcoming death, Timon's language also becomes increasingly morbid over the course of the play; by the end he talks

---

[49] I discuss the shift towards poetic allegory in Shakespeare's play in my *Misanthropy in the Age of Reason: Hating Humanity from Shakespeare to Schiller* (Oxford University Press, 2022), pp. 30, 40, 49–51.

as though he were already dead, accusing the Senators' deputies of profaning his tomb and sacrilegiously removing 'le voile de la mort qui déjà me couvre' (v. 7). Timon also relates his morbid state, like his self-sacrifice, to his political persecution; whereas his Shakespearean counterpart's 'long sickness | Of health and living' (v. 2. 71–72) seems existential in nature, Mercier's sickness is political: 'je suis malade', he tells the Senators, 'de dégoût, de dégoût de ce monde d'où vous avez banni le règne de la justice, des mœurs et des lois' (v. 7).

It is also during his conversation with the Senators that Timon echoes his earlier claim about having to become a monster like his fellow men in order to cope; he tells the Senators that he had had to harden his heart like his fellow-citizens 'puis qu'ils l'ont voulu', adding that 'il faut bien enfin leur ressembler' (v. 7). Having established himself as now resembling, and perhaps thus representing, the unfeeling Athenians, Timon can now embrace and savour his own death as a symbolic murder by proxy of his various enemies; he shortly dies uttering the words 'Puisse mon dernier soupir être celui de tous les méchants!' (v. 7). Developing the self-destructive logic that has underpinned his actions throughout the play, Timon offers himself up as a sacrificial victim, hoping — in a pagan spin on Christ's death — to purge humanity of all its wickedness through his own sacrifice. While this final wish might appear at least as implausible as Caroline's assurances in the earlier play that her sisters have somehow repented, Mercier does give Timon's dying wish some chance of fulfilment; after all, we know — or believe — that some form of justice is on its way in the form of the avenging Alcibiade. A happy ending of sorts might be around the corner, but, at least for the less idealistic Mercier of 1794, it is to be achieved through the moral compromises of political violence rather than through wishful thinking or appeals to divine providence.

6. Editions

Le Vieillard et ses trois filles exists in only one edition:

> *Le Vieillard et ses trois filles. Pièce en trois actes, en prose* (Paris: Restif-neveu, 1792 [an IV]).

After its first 1794 print run (my base text), *Timon d'Athènes* was republished in 1799:

> *Timon d'Athènes en cinq actes en prose. Imitation de Shakespéare* [sic] (Paris: Gérard, an III [1794]).

> *Timon d'Athènes, en cinq actes en prose, imitation de Shakespeare; par le C[itoyen] Mercier* (Paris: Cérioux, an VII [1799]).

7. Treatment of base texts

The guiding principle of this edition has been ease of reading. Spelling and capitalization have been modernized throughout; I have also tacitly amended punctuation where this seems aberrant to modern eyes, drawing on the more regular 1799 edition of *Timon d'Athènes* where possible. I have standardized the layout of the dialogue and stage directions, which differ considerably across the three editions (that of *Le Vieillard et ses trois filles* uses a particularly unconventional system, giving its scene headings as, for example, 'II SCÈNE' rather than 'SCÈNE II').

Footnotes provide general contextual information, and also flag up textual and structural comparisons between these plays and the originals. In *Timon d'Athènes*, which follows Shakespeare's overall plot and structure quite closely, scenes are prefaced with a footnote identifying the equivalent section of Shakespeare's play, or indicating if the scene is Mercier's invention. Footnotes to *Le Vieillard et ses trois filles* flag up only those scenes that correspond directly to episodes in *King Lear*. I have also added footnotes to highlight shorter extracts that draw heavily on Shakespeare's formulations; for reasons of concision I only quote particularly brief or pertinent extracts. All references to the original plays are to the most recent Arden Shakespeare versions (the third edition); line numbering and scene division will thus not always correspond to other editions.

For reasons of concision, textual references to Shakespeare's and Mercier's plays, and to dictionaries, use the following abbreviations:

AF + date: *Dictionnaire de l'Académie Française*
KL: Shakespeare, *King Lear*
L + date: Littré, *Dictionnaire de la langue française*
TdA: Mercier, *Timon d'Athènes*
ToA: Shakespeare, *Timon of Athens*
VTF: Mercier, *Le Vieillard et ses trois filles*

LE VIEILLARD
ET
SES TROIS FILLES.
PIÈCE EN TROIS ACTES, EN PROSE.

PAR M. MERCIER.

A PARIS,
CERCLE SOCIAL, RUE DU THÉÂTRE
FRANÇOIS, N° 4
Imprimé par RESTIF-neveu, rue De-la-Bûcherie
N° 11.

1792.
L'AN QUATRIÈME DE LA LIBERTÉ.

PERSONNAGES

LE VIEILLARD, M. de Lamanon.[1]
SARA, ⎫
JUDITH, ⎬ Filles de M. de Lamanon.[2]
CAROLINE, ⎭
LAURENCE, Mari de Sara.
CLAVERO, Mari de Judith.
JONES, Confident du Vieillard.
UN MAÎTRE D'HÔTEL de M. Laurence.
D'ANGELI, Bûcheron.
DOMESTIQUES.

La Scène est au premier acte dans la maison de M. Laurence; au second dans la maison de M. Clavero; et au troisième dans une forêt.

---

[1] *M. de Lamanon*. The Old Man is only referred to once by his name during the play (III. 4). Lamanon is a commune located in the Provence-Alpes-Côte d'Azur region of southern France. Mercier gives no explanation for his play's curious juxtaposition of seemingly French, English, Spanish, and Italian names.

[2] While Caroline clearly corresponds to Shakespeare's Cordelia, the other two sisters cannot be consistently assigned to the roles of either Goneril or Regan. For example, as both the eldest sister and the Old Man's host in act I, Sara structurally resembles Goneril in *KL*, I. 3-4, but it is her sister Judith who echoes Goneril's words in her letter to her father in *VTF*, I. 2.

AVERTISSEMENT.

ADMIRATEUR de Shakespeare, l'ayant considéré en 1773, dans mon *Essai sur l'art dramatique*, non comme un poète régulier, mais comme celui de la nature, dont les formes pour être sauvages n'en sont pas moins belles;[3] ayant recommandé à tous mes confrères la lecture de ses drames, comme une mine abondante en personnages variés, en idées fortes et vastes, en expressions éloquentes et vives; comme la plus propre enfin, à échauffer nos timides conceptions, et à agrandir le parloir de la scène française; je n'ai pu résister au désir d'accommoder à notre théâtre la pièce intitulée *Le Roi Lear*.

Je me flatte que l'on retrouvera dans mon *Vieillard et ses trois filles* la vraie manière de Shakespeare; et cependant le plan et les détails m'appartiendront presqu'entiers. J'ai commencé par faire descendre du trône le principal personnage; car ce n'est pas comme roi qu'il nous touche, qu'il nous attendrit dans le délire de sa douleur; c'est comme homme; c'est comme père.[4] J'ai mieux aimé offrir un tableau moral, rapproché de nous, applicable surtout à la vie domestique: sous des couleurs théâtrales, il pourra servir de leçon aux enfants ingrats; et, sous ce nom, sont compris sans doute tous ceux qui ont méconnu, oublié, outragé leurs bienfaiteurs. Puissent tous ces monstres d'ingratitude, pour leur amendement, ou pour leur supplice, lire ou voir représenter cette pièce attendrissante!

M. Ducis a traité le même sujet;[5] il ne me convient pas d'en parler: Il a fait une tragédie; et je n'ai point voulu faire une tragédie: Que le lecteur compare et juge.

---

[3] Mercier is not alluding to any direct passage of his *Du théâtre, ou Nouvel essai sur l'art dramatique* (1773) here, although the sentiment expressed here underpins his essay.
[4] A stock refrain in defences of the *drame*; see my Introduction.
[5] Ducis, *Le roi Léar, tragédie en cinq actes* (Paris: Gueffier, 1783). Ducis's play was first performed in January 1783.

LE VIEILLARD ET SES TROIS FILLES.
PIÈCE EN TROIS ACTES, EN PROSE.

ACTE I.
PREMIÈRE SCÈNE.
JONES, *seul*.

Ô MON maître! toi si honnête, et si malheureux!... Non! jamais la nature ne fit un homme aussi bon! Je n'ose lui révéler ce qui se passe ici. C'est un être bien nouveau, que celui dont la plus grande faute est d'avoir fait trop de bien... Mais il ne voudra rien écouter, qu'il ne sente lui-même,[6] et par l'événement, la vérité cruelle. C'est son excessive générosité qui a endurci le cœur de ses filles, et c'est encore sur elles, hélas! que, toujours aveugle, il fonde sa plus solide espérance. Tandis que l'indifférence la plus coupable l'environne, il croit à leur amour... Hô! qui osera désormais être bon, quand... Ô jour fatal, où dans un abandon de tendresse rare, il a signé cette imprudente donation! Hélas! Lorsque tout retentissait autour de lui du bruit des concerts, moi, je me suis retiré solitaire dans un misérable réduit, pour y pleurer là, tout à mon aise; car dès lors[7] je prévoyais que sa vertu, sa confiance, sa générosité seraient bien mal récompensées... Le voici; oui, ce qui me fait le plus souffrir dans cette maison, c'est de ne pouvoir lui parler, comme je le voudrais.

SCÈNE II.
LE VIEILLARD, JONES.
LE VIEILLARD.

Toujours triste, Jones? Ne t'alarmes point: tu as beau dire; j'ai soulagé ma vieillesse du poids importun et journalier des affaires, j'ai partagé mon bien en trois parts: Où pouvais-je mieux placer mon héritage, que dans les mains de mes enfants?... de mes chères filles.

JONES.

Vos largesses... Vous avez tout donné.

---

[6] 'Que' in this sentence has the sense of 'until'.
[7] Original: 'dèslors'.

LE VIEILLARD.

Tout: mais au moindre signe, mes filles feront de leurs biens deux parts, et la meilleure, sois-en sûr, sera toujours pour moi.

JONES, *à part.*

Je n'ose le détromper. (*Haut.*) Jamais père, on peut le dire, n'a tant aimé ses enfants: puisse leur reconnaissance ne point faire injure à votre libéralité.

LE VIEILLARD.

Oh! mon ami! rien n'est plus doux, pour un père, que les services qu'il reçoit d'une fille chérie. Les fils ont l'âme fière et le courage plus élevé; mais les enfants d'un autre sexe ont les soins plus délicats et les caresses plus affectueuses. Tiens, voici une lettre de la seconde: peut-on rien voir de plus tendre! Lis.

JONES *lit.*

'Je vous aime, mon père, d'un amour que la voix et les paroles ne peuvent rendre; il est au-dessus de toute expression: je ne trouve ma félicité que dans un sentiment unique. Judith.'[8]

LE VIEILLARD.

Et l'aînée chez qui je suis, ma Sara? tu es le témoin journalier de tous ses transports à mon égard?

JONES.

Je suis loin de vouloir diminuer vos félicités, vos espérances… Puisse l'événement ne pas tromper vos sentiments! et puissent surtout leurs cœurs être d'accord avec leurs paroles!

LE VIEILLARD.

Voici bientôt le temps où je quitterai celle-ci, pour aller visiter sa sœur, qui serait effectivement jalouse, très jalouse! si je retardais mon arrivée seulement d'une demi-semaine… Je veux les contenter toutes deux: mais écoute, je n'irai point de sitôt[9] chez la cadette.

---

[8] Cf. Goneril's similar use of praeteritio in *KL*: 'Sir, I do love you more than word can wield the matter' (*KL*, I. 1. 55). In *KL*, Goneril not only says these words directly to her father, but also follows them with another six lines of fulsome praise. While Mercier's changes perhaps attenuate the daughter's barefaced shamelessness slightly, they also flag up the Old Man's foolish naivety.

[9] 'De sitôt; il ne se dit qu'avec la négation, et signifie *si prochainement*. *Il ne viendra pas de sitôt. Il ne me le pardonnera pas de sitôt*' (L 1873).

JONES.

Et pourquoi, mon cher maître?

LE VIEILLARD.

Je ne sais: elle n'est point sensible comme ses sœurs; sa langue a toujours été si tardive à manifester sa tendresse!

JONES.

Elle sait peut-être aimer beaucoup, et se taire; la vivacité du sentiment ne produisit jamais l'abus du langage.

LE VIEILLARD.

Écoute... aucun transport de joie à mon approche... tandis que ses sœurs n'ont qu'une félicité dans le monde, celle de me voir.

JONES.

Son cœur sent peut-être plus d'amour que sa langue n'a de force pour l'exprimer.

LE VIEILLARD.

Qui n'a rien dans la bouche, n'a rien dans le cœur.[10]

JONES.

Pas toujours, mon bon maître.

LE VIEILLARD.

Elle est la plus jeune; elle devrait être la plus tendre.

JONES.

Peut-être que sa timidité craintive l'empêche... et le respect qui la contraint...

LE VIEILLARD.

Je demande à présent à mes enfants plus d'amour que de respect: le temps où il faudra que je me contente de leurs respects, ne viendra que trop tôt! c'est-à-dire quand la nature donnera un autre cours à leur tendresse...

---

[10] In *KL*, Cordelia makes a comparison between her heart and her mouth just as she makes the pronouncement that will seal her father's judgement: 'Unhappy that I am, I cannot heave | My heart into my mouth. I love your majesty | According to my bond, no more nor less' (*KL*, I. 1. 91-93).

JONES.

Mon bon maître, je vous réponds que votre plus jeune fille n'est pas celle qui vous aime le moins.[11]

LE VIEILLARD.

Va, le repos de mes vieux jours ne sera jamais dû à ses soins complaisants... Écoute: jamais son œil ne me caresse: Son cœur sans doute est vide pour moi. Tout entier à son époux... Je ne l'en blâme point, mais...

JONES.

Ah! si elle a une vertu, elle n'aura point renoncé à une autre; les vertus se donnent la main... Si votre cadette, j'ose vous le redire, n'était pas si timide!

LE VIEILLARD.

Arrête: eh! qui peut mieux sentir cela qu'un père!... Non, te dis-je, elle n'a point le cœur expansif de ses sœurs... Paix là-dessus.

JONES.

Je me tais.

LE VIEILLARD.

Allons: dis que l'on m'apporte à déjeuner: Pourquoi ce retard? Cette négligence m'étonne! Cours à l'office.[12]

JONES.

Voilà trois fois que j'y vais... et...

LE VIEILLARD.

Eh bien?... Tu hésites à me parler.

JONES.

Eh bien! l'on m'oublierait, si je n'étais importun.

LE VIEILLARD.

Comment?

---

[11] Kent tells Lear: 'Thy youngest daughter does not love thee least' (*KL*, I. 1. 153). His next words, 'Nor are those empty-hearted, whose low sounds | Reverb no hollowness' (*KL*, I. 1. 154–55), might have inspired the Old Man's allusion to his daughter's 'cœur [...] vide' in his reply, although Mercier strips the metaphor down to its bare bones.

[12] *Office*: 'Lieu dans une maison, où l'on fait, où l'on prépare tout ce qu'on sert sur table pour le fruit, et dans lequel on garde le linge et la vaisselle' (*AF* 1798).

JONES.

Il faut que je les impatiente, pour en arracher quelque attention à vos besoins. S'il faut vous le dire, Monsieur, rien n'est prêt en ce moment. Enfin, je ne vous dissimulerai pas que l'on m'a maltraité hier, et encore aujourd'hui, de paroles…

LE VIEILLARD, *à demi courroucé.*

Toi?… Parles-tu sérieusement?

JONES.

Ce n'est pas même la dixième fois, que…

LE VIEILLARD.

J'y mettrai ordre. Fais monter le maître d'hôtel,[13] et qu'il vienne ici sur-le-champ… Te maltraiter de paroles!… toi! (*Jones sort.*)

SCÈNE III.

LE VIEILLARD, *seul.*

Oh! ce sera quelque malentendu; quelques bévues, ou fautes de domestiques. Voilà cependant plusieurs fois que mon service me manque, et qu'il se trouve retardé… Nous allons voir…

SCÈNE IV

LE VIEILLARD, JONES, LE MAÎTRE D'HÔTEL.

LE VIEILLARD.

Pourquoi donc ne suis-je pas servi à l'heure, à l'heure précise que je dois l'être!… Répondez?

LE MAÎTRE D'HÔTEL.

C'est que je ne puis pas également obéir, Monsieur, à tous les ordres contraires que l'on me donne dans cette maison-ci, et de tous côtés encore…

LE VIEILLARD.

Les miens doivent être exécutés de préférence. Entendez-vous?… Et vous le savez bien, je pense.

---

[13] *Maître d'hôtel*: 'Officier préposé pour avoir soin de ce qui regarde la table d'un Prince, d'un grand Seigneur, ou de riches Particuliers, et qui sert ou fait servir sur table. (*AF* 1798).

LE MAÎTRE D'HÔTEL.

Monsieur, Monsieur, Madame commande aussi, et doit être servie avant tout, à ce que j'imagine: c'est ma maîtresse, et vous ne serez pas assez injuste envers moi, pour me rendre responsable…

LE VIEILLARD.

Comment! me connais-tu? Ignores-tu ce que je suis ici?

LE MAÎTRE D'HÔTEL.

Ai-je donc deux maîtres? Je l'ignorais: moi, s'il faut vous le dire, j'obéis, et je dois obéir, de préférence à ceux qui me payent… Je vous prie de ne le pas trouver mauvais, surtout en me brutalisant de cette manière. (*Il sort.*)

SCÈNE V.
LE VIEILLARD, JONES.

LE VIEILLARD.

Je demeure stupéfait!… Où cet homme a-t-il puisé cette insolence… Il obéit, dit-il, à ceux qui le payent? Eh! n'ai-je pas tout payé d'avance, tout donné, prodigué à mes enfants, chez qui je vis?[14]

JONES.

Hélas! oui, tout… (*À part.*) Refuser à un homme de cet âge… oublier ses besoins, ses dons généreux! Malheur au père trop indulgent, qui s'est dépouillé!

LE VIEILLARD.

Ces dons, Jones, je te le répète, je n'en ai point de regrets; car j'en éprouve une satisfaction profonde, intime. D'autres donnent après leur mort; moi, j'ai donné de mon vivant… j'ai donné avec joie… Les sensations paternelles qui transportèrent mon cœur, la soigneuse nature les cache, comme un trésor, à ceux auxquels elle n'a point accordé d'enfants… Pourquoi pleures-tu?

JONES.

Hélas! quand vous me l'avez ordonné, je me suis tu, et j'ai gémi en silence: Je suis peut-être sorti quelquefois des bornes du respect, en vous exhortant à tenir votre main plus rigoureusement fermée… Quoiqu'il soit bien tard aujourd'hui de

---

[14] The vocabulary of giving, and especially of giving lavishly (*prodiguer*), will become insistent in *Timon*. The Old Man's formulations here make it clear: he feels he has paid in advance for the right to special treatment.

m'écouter ou de m'entendre, en voici pourtant le moment, ou jamais il ne viendra.

LE VIEILLARD.

Eh! que me diras-tu?

JONES.

Que tout est bien refroidi depuis le jour…

LE VIEILLARD.

Ne dis point cela; ne dis jamais cela. Garde-toi de penser que la tendresse ou[15] ma fortune puissent périr au milieu de mes enfants. Va, j'aurais voulu pouvoir leur abandonner des royaumes;[16] mais quand je le voudrai, d'un seul mot, entends-tu, d'un seul mot j'ouvrirai les fidèles réservoirs où mon amour a placé ses bienfaits; là je retrouverai au double…

JONES.

La conscience et l'honneur le leur ordonneraient, sans doute.

LE VIEILLARD.

Cesse, je t'en conjure; ma confiance est pleine, entière. J'ai des preuves de leur tendresse abandonnée[17] et qui me sont particulières.

JONES.

La bonté croit que tout le monde est comme elle… mais je suis forcé de dire que les paroles sont des paroles; que les actions[18] sont des actions.

LE VIEILLARD.

Achève…

---

[15] Original: 'où'.

[16] The Old Man can only dream of doing what the Shakespearean original actually does. Yet Mercier may already have been thinking of *ToA* while adapting *KL*; compare Shakespeare's Timon: 'Methinks I could deal kingdoms to my friends, | And ne'er be weary' (*ToA*, I. 2. 225–26).

[17] *Abandonnée*: This word seems out of place, both grammatically (it agrees with the singular 'tendresse' but is placed alongside the plural 'particulières', which agrees with 'preuves') and in terms of sense (the Old Man surely would not insist his daughters have abandoned their affection). A more plausible reading would be 'abondantes'; perhaps the typesetter was distracted by the word 'abandonner' earlier on the page.

[18] Original: 'action'.

JONES.

Et que l'on ne fait pas ici un trop gracieux accueil à ceux qui sont attachés à votre service; il y a longtemps enfin que l'on met dans tout ce qui vous regarde de l'indifférence, et pis encore...

LE VIEILLARD.

Tu m'étonnes, de plus en plus, mon vieux serviteur... prends garde de te tromper, d'être injuste...

JONES, *avec force.*

Non! L'on me fait aussi des affronts, et l'on jouit lorsque j'y suis sensible... Subordination domestique, bienséances, vous êtes anéanties, et vous êtes remplacées, le dirai-je, par des vices contraires.[19]

LE VIEILLARD.

Tu m'effrayes; et pourquoi me l'avoir caché? j'aurais fait écarter tous ces gens-là; car mes filles ne peuvent pas méconnaître...

JONES.

Vos filles! Eh! ne sont-elles pas aujourd'hui en possession[20] absolue de tout ce que vous aviez...

LE VIEILLARD.

De grâce, sois rassuré sur ce point qui te tourmente trop. Ma fortune, quoique divisée, n'en reste pas moins entière. Ceux qui sont nés pour appartenir de si près à notre cœur, ne doivent-ils recevoir nos dons, que quand nos mains glacées ne pouvant plus retenir les biens de ce monde, les abandonnent forcément... Non! je n'ai jamais pu penser, ni agir ainsi... J'ai semé dans des cœurs qui ne seront jamais fermés ni ingrats. Elles ignorent sûrement ce qui s'est passé. Va, va trouver ma fille; qu'elle se rende ici pour me parler. Tout s'apaisera bien vite, dès que je l'aurai vue. Oh! j'existe trop profondément dans leurs âmes pour que la tiédeur... Va (*Jones sort*), et reviens.

---

[19] Mercier's Timon will later list 'subordination domestique' as one of many virtues to have been 'anéantis et remplacés par tous les crimes et les désordres contraires...' (*TdA*, v. 1).
[20] Original: 'possesssion'.

SCÈNE VI.

LE VIEILLARD, *seul*.

Il y a quelque refroidissement: celle-ci a aussi son époux qui aura fait quelque diversion à sa tendresse; je le conçois: mais, quand j'aime au point que j'aime, la nature n'est-elle pas la plus puissante, et faite pour triompher de tous ces faibles obstacles?

SCÈNE VII.

LE VIEILLARD, JONES.

JONES.

Monsieur, Madame votre fille m'a fait dire qu'elle ne pouvait venir, parce qu'elle était indisposée.

LE VIEILLARD.

Et depuis quand? Nous soupâmes hier ensemble. Si elle n'est pas véritablement malade, dis-lui que j'exige qu'elle vienne me parler ici, et sans tarder, que je l'exige; entends-tu? (*Jones sort.*)

SCÈNE VIII.

LE VIEILLARD, *seul*.

Oh! nous verrons; nous entendrons sa justification... Il y a là-dedans quelque chose qui va s'éclaircir, et Jones sera témoin que tout cela finira par des embrassements... La voici... Je savais bien...

SCÈNE IX.

LE VIEILLARD, SARA, JONES.

SARA.

Je vous salue, mon père... Mais est-il vrai? on me l'a dit du moins, que vous vous soyez oublié jusqu'à menacer mon maître d'hôtel? Vous, sortir de la modération qui doit vous caractériser, et en sortir à ce point... Ah!...

LE VIEILLARD.

Tu le changeras, ton maître d'hôtel, et le plus tôt possible; entends-tu? il me déplaît... Je t'en préviens.

SARA.

Permettez, mon père... Je vous avouerai que je n'ai point lieu de me plaindre de lui; que j'en suis très contente! Vos domestiques, j'ai trop tardé à vous le dire... ils deviennent turbulents... intolérables...[21]

LE VIEILLARD.

En quoi donc? ma fille?

SARA.

Mais ils sont à toute heure abusant[22] de votre nom, en rixes, en querelles; rien ne les satisfait ici, quoi qu'on fasse.

LE VIEILLARD.

Rien ne les satisfait? quel étrange discours! je ne le suis guère non plus de mon côté,[23] de tout ce que j'entends, et c'est de votre faute, ma fille!

SARA.

Moi! mon père? oh! quel injuste reproche? tandis que vous vous abandonnez à des humeurs bizarres, qui depuis quelque temps changent et altèrent la bonté de votre caractère.

LE VIEILLARD.

Est-ce toi qui parles?...

SARA.

Interprétez, je vous prie, en bonne part, et mes fidèles avis, et mes représentations. Mais pourquoi (permettez-le encore) pourquoi avoir ici des domestiques à vous; les miens, si empressés, si dociles, ne suffisent-ils donc pas?... Or voilà votre homme de confiance toujours grondeur ou fâcheux, toujours exigeant, toujours lamentant: puis les autres se modèlent sur lui, et se croient autorisés au désordre. Mon père! il serait à propos, pour rétablir promptement la paix dans la maison, de le subordonner entièrement, ainsi que vos autres domestiques, qui tous rentreraient dans l'ordre et en même temps.

---

[21] Compare Goneril's complaints about Lear's retinue of a hundred knights and squires, 'Men so disordered, so debauched and bold, | That this our court, infected with their manners, | Shows like a riotous inn' (*KL*, I. 4. 232–35).
[22] A curiously English-style syntax, which I have not found elsewhere.
[23] The Old Man's grammar here is a little loose; his 'le' refers implicitly to 'satisfait', although Sara and he himself both used this word as a verb, not as an adjective.

LE VIEILLARD.

Quoi! suis-je bien éveillé! qui peut me dire ce que je suis?

SARA.

Remettez-vous! confiez-vous entièrement à nos soins assidus; nous vous donnerons des gens tranquilles, soumis, qui conviendront à tous vos besoins, ainsi qu'aux fantaisies de votre âge...

LE VIEILLARD.

C'est toi qui parles ainsi! Dieu! (*À Jones*) Qu'on me prépare des chevaux! je pars. Ah! je ne vous causerai point d'embarras davantage! Je délivrerai votre maison de mes domestiques importuns... Va, il me reste encore une fille... Le sais-tu?... Ô ta sœur!... je l'ai grâces à Dieu!... je l'ai.

SARA.

Ma sœur, et vous l'apprendrez bientôt, pense absolument comme moi à cet égard... Vous l'entendrez...

LE VIEILLARD.

Ta sœur! elle te réprimandera, et avec une juste sévérité, en apprenant... Elle te déshéritera de son amitié, jusqu'à ce que... Je demeure immobile!... Oh! malheur à l'homme, au père, qui se repent trop tard!... Oh! combien un enfant est hideux, quand il se montre sous tes traits!... (*À Jones*) Viens, mon ami, viens; aide-moi à sortir d'ici?... J'ai besoin de fuir... Comment ai-je pu éprouver de sa part... Heure épouvantable!...

SCÈNE X.
LE VIEILLARD, SARA, LAURENCE.

SARA.

Monsieur, joignez-vous à moi, de grâce! Voici mon père, qui veut nous quitter, par pur caprice, sans cause légitime... Il m'est impossible, quoique j'imagine, de savoir ce qui l'a tout-à-coup changé...

LAURENCE.

Modérez-vous, Monsieur! Permettez... Je ne suis point encore instruit du sujet qui vous a mis si fort en courroux; d'ailleurs il y a dans une maison des détails, si fort au-dessous de moi, que vous conviendrez sans peine que je ne dois ni ne puis m'en mêler... Ainsi... ces misères-là, apercevez-les, comme moi, d'une hauteur...

LE VIEILLARD.

Ces choses-là, Monsieur, cela se peut; vous n'êtes point fait, comme vous le dites, pour les apercevoir: mais moi! ah! depuis une heure je ne sais plus si j'existe...

LAURENCE.

Vous êtes difficile à vivre, depuis quelque temps, Monsieur! Ne vous en apercevez-vous point vous-même? l'humeur de la vieillesse nous domine le plus souvent, à notre insu, et, si je puis vous le dire, les gens de votre âge sont susceptibles d'idées extrêmes, ombrageuses ou d'aperçus faux, exagérés.

LE VIEILLARD.

Vous pouvez m'injurier, mon gendre; oh! vous le pouvez, vous... je ne m'en plaindrai pas; car je puis être rejeté, abandonné par un gendre, et sans que je m'en plaigne: mais celle qu'il semblait que rien ne pouvait, ne devait m'ôter, celle qui était à moi, et que tout liait intérieurement à mon être, ainsi que tout me liait à elle, apprenez...

SARA.

Mon père!...

LE VIEILLARD.

Arrête ce mot, ta bouche le prononce, mais ton cœur ne le sent plus... et ne dis plus mon père...

SARA.

Vous vous emportez contre moi: vous me lancez des regards foudroyants! et pourquoi? parce que je vous propose de ployer à l'obéissance un domestique rebelle, que vous préférez ici à tout le monde, et l'on ne sait pourquoi.

LE VIEILLARD.

Ah Dieu! je rougis de ma faiblesse et que tu aies encore la puissance d'émouvoir à ce point mes entrailles! Pourquoi faut-il que ces larmes m'échappent! Ah! je suis trop insensé, trop sensible, trop tendre... je cherche à me dompter...

SARA.

Ne faut-il pas d'ailleurs que j'obéisse en tout, et de cœur et d'esprit, à l'époux qui a reçu ma main... C'est mon premier devoir... Vous en conviendrez?...

LE VIEILLARD.

Je consens que l'époux qui t'a donné sa foi, emporte avec lui la moitié de la tendresse que tu avais pour moi; mais il en reste assez, je crois, pour obéir; au sentiment que la reconnaissance et que le devoir t'imposent... Ah! quand ma seconde fille, je le répète, viendra à savoir ce procédé de ta part, elle te reniera pour sa sœur, jusqu'à ce que le repentir t'ait changée.

SARA.

Eh! voilà comme vous me traitez? on a eu soin de vous chaque jour, et nonobstant nos attentions multipliées, vous vous plaignez incessamment: tous nos voisins serviront de témoins...

LE VIEILLARD.

Tu vas chercher des témoins loin de ton cœur! Ciel! je lis sur vos visages...

LAURENCE.

Malgré tout l'attachement, le respect que j'ai pour vous, Monsieur, et que votre âge me commande, je ne puis cependant être assez partial, pour condamner ici mon épouse... Je suis sûr de sa douceur, de sa bonté inaltérable. Ah! c'est une femme unique, incomparable. Qui le sait, qui doit le savoir mieux que moi. Elle a toutes les vertus; nulle part, je ne vois ses perfections... Puis j'ai suivi, j'ai vu, de mes propres yeux, ce dont il est question...

LE VIEILLARD.

Vous avez vu, vous avez suivi... Ainsi je me tais devant tous... Allez, le trait est trop profond pour que... De grâce, laissez-moi partir, et sans me répondre! Qui m'entend ici?... Eh! qui pourrait m'entendre... Non, toutes vos paroles seraient autant de coups de poignard... Craignez du moins d'offenser celui...

SARA.

Écoutez-vous vous-même, mon père, s'il vous est possible; car vous êtes toujours violent, extrême. Ah! je vous en supplie, au nom de la nature...

LE VIEILLARD.

Au nom de la nature! si tu as un fils, tremble! il pourra te faire éprouver qu'elle est la plaie horrible... la douleur que cause l'ingratitude... Laissez-moi seul: laissez-moi à l'accablante confusion de mes pensées... Vous ne m'entendez plus... Je fuis...

SARA, *à son époux.*

Il est dans la démence.

LAURENCE.

Vous serez obéi, Monsieur... Nous ne voulons pas, certes, vous contrarier, en face... Je me retire...

SARA.

Ma sœur sera de notre avis, très certainement! Venez et laissons-le à lui-même; puisqu'il l'exige... Il nous ferait encore un crime... Car tout est crime aux yeux de son conseil.

LE VIEILLARD, *d'une voix douloureuse.*

Tu me quittes? Sara?

SARA.

Mon obéissance doit ici se partager. Jusqu'ici, soumise aux devoirs d'une fille, je vis en vous un souverain: mais voilà mon époux. Ma mère quitta son père pour vous; la même obéissance qu'elle vous rendit, je la dois, et je demande qu'à son exemple, il me soit permis de la rendre à celui qui désormais est mon unique maître.

SCÈNE XI.

LE VIEILLARD, JONES.

LE VIEILLARD.

Mon pauvre ami, je te reprochais tes soupçons, comme l'ouvrage d'une imagination trop ombrageuse! aurais-tu le fatal avantage de lire mieux que moi dans le cœur des pervers, dans celui de mes enfants? ou l'amour filial, dis-moi, serait-il aujourd'hui un vain nom, un nom fait pour tromper nous autres bons?...[24] Ceci, oh! je le crains, mon cher Jones, ceci... Je n'ose achever...

JONES.

Écoutez votre vieux serviteur mon cher maître![25] Ah! s'il le faut, dans ces circonstances! Abandonnez-moi plutôt, et réconciliez-vous avec votre fille aînée. Puisque je déplais en cette maison je ne mérite pas que vous fassiez pour moi un si grand sacrifice... Non, il ne le faut pas... Je vous en conjure.

LE VIEILLARD.

Que dis-tu? Tu ne me quitteras jamais! Ah! cruelle blessure de mon cœur!... Écoute:[26] Pour n'en pas mourir, j'ai besoin de toi: quitte-moi à présent.

---

[24] Note how the Old Man is already extrapolating a whole theory of filial ingratitude out of one example — it extends from his children to 'l'amour filial' in general.
[25] Original punctuation: '?'.
[26] Original punctuation: '?'.

JONES.

Vous connaissez mon long attachement et mon affection. Que n'était-il en mon pouvoir de vous déguiser plus longtemps une triste, une affreuse vérité! Mais je me reproche cet éclat...

LE VIEILLARD.

Si je souffre, ami, je suis du moins éclairé... Oh! qu'il est douloureux d'avoir lu, ce que j'ai lu dans un cœur... Mes jours heureux seraient-ils passés?

JONES.

Il vous reste deux filles qui vous attendent, et qui vous dédommageront.

LE VIEILLARD.

Je tremble de l'avenir! Ne me dis plus rien. Les cœurs tendres ont une existence qui leur est propre, qui n'est sentie que d'eux seuls... si l'univers allait s'effacer devant moi!... Êtres chéris! si je ne pouvais plus vous appeler mes enfants!... Je frémis. Quand celle-ci était toute jeune, que je la prenais sur mes genoux... oh! quelle volupté inconnue!... Il y aura donc, me disais-je, une créature qui n'existera que pour son bienfaiteur; qui ne sera remplie que du seul désir d'être à lui; qui m'aimera sans partage? nos deux âmes ne formeront que la même?... Je le croyais... Ô mon aînée, mon aînée! tu n'as point aimé, tu n'aimeras jamais. Eh bien! vis heureuse, si tu le peux, et ignore à jamais mes profondes douleurs.

JONES.

Combien je les partage! Je vous accompagnerai avec la même constance la même fidélité, non seulement comme mon maître, mais comme la bonté descendue sur terre. Vous savez, et vous me l'avez plus d'une fois promis...

LE VIEILLARD.

Quoi?

JONES.

Que je dois achever de vieillir avec vous.

LE VIEILLARD.

Ah!... Eh bien, aide-moi à vivre... Ami, (*après un silence*) il faut que j'écrive à ma seconde; il me tarde d'arriver chez celle, qui sera bien surprise, bien indignée! c'est elle, qui calmera le bouillonnement... Oh Dieu! ne souffre pas que je perde la raison; conserve! daigne conserver mes sens dans le calme! Je crains de devenir insensé, car mon âme est toute bouleversée. Dieu, prends pitié d'un père trompé!... Allons, des chevaux! je m'arrache d'ici, car plus loin, je serai plus tranquille… Que je vous regarde encore, ô murs, dont l'enceinte renferme… Qui me l'eût dit?… Ô maison, cruelle maison! je n'emporte rien de toi, que ce corps que l'on rejette… Viens, digne ami!… viens!… aide-moi à exister.

ACTE II
SCÈNE I.
SARA, JUDITH.

SARA.

J'accours, ma sœur! Bien précipitamment, direz-vous? mais, pour cause: je précède ma lettre, à ce que je crois?

JUDITH.

Oui: soyez la bienvenue. Mais qu'y a-t-il donc de nouveau? votre agitation m'inquiète, expliquez-vous? qu'y a-t-il de neuf?

SARA.

Eh bien! notre père nous a fait tourner la tête à tous…

JUDITH.

Oh! je m'en doutais! Rien ne m'étonne en cela. Mais ce n'est rien, après tout… Remettez-vous.

SARA.

En vérité, les vieillards redeviennent des enfants! or il faut les mener par la rigueur, surtout lorsqu'on voit qu'on y perd avis, remontrances, prières et caresses… Qu'en pensez-vous?

JUDITH.

Je vous approuve fort!… A combien de bizarreries la vieillesse n'est-elle pas sujette!… La déraison qui la domine…[27]

SARA.

Souvenez-vous de ce que je vous ai dit? Notre traité subsiste; il subsistera… Vous m'entendez?

---

[27] Goneril and Regan briefly complain about their aged father's unpredictability in *KL*, I. 4.

JUDITH.

Certes, ma sœur, nous serons d'accord, d'une manière invincible, et contre tous.

SARA.

Il n'est, et n'a jamais été, qu'inconséquence et caprices… Aux défauts invétérés de son naturel, l'âge va joindre encore les emportements de l'humeur fâcheuse, qu'amène avec elle l'infirme et colère décrépitude.

JUDITH.

Soyez sûre que j'insisterai, ainsi que mon époux, sur la réforme, qui devient indispensablement nécessaire dans sa maison désordonnée…

SARA.

Il est devenu par degré[28] tout-à-fait méconnaissable.

JUDITH.

L'imbécillité de son jugement n'est que trop visible.

SARA.

J'attribue ses bizarreries renforcées à ce vieux fou, qui le dirige, et qu'il dit tant aimer, par pure jactance.

JUDITH.

Comment? nous n'aurions pas le crédit, nous ses filles, de chasser un domestique inutile? C'est justement parce qu'il y tient, qu'il faut l'expulser; car, n'en doutez pas, voilà l'origine de toutes les indécences commises à notre égard… Quand il sera isolé, les suggestions qui l'égarent n'auront plus lieu, son bon sens pourra renaître; quoique j'aie de bonnes raisons pour en douter.

SARA.

Vous le jugez bien, à cet égard. L'âge a tellement appauvri ses idées, que c'est un long et insupportable ennui que de l'entendre.

JUDITH.

Et pourquoi l'écouter? Ces vieillards reprennent exactement le langage de l'enfance, et l'on ne doit pas, entre nous, y faire beaucoup plus d'attention… Mais j'entends du bruit? L'on arrive…

---

[28] *Par degré*: the singular is infrequent but attested by some other writers.

SARA.

C'est lui, vous verrez… Vous entendrez ses éternelles et folles complaintes.

JUDITH.

Laissez-moi le recevoir. (*À un domestique.*) Vous, restez ici, et si mon père vient, dites-lui que je n'y suis pas pour le moment. Venez, ma sœur, rejoignons mon mari; et toujours d'accord dans nos mêmes vues, ne séparons point nos intérêts, ainsi que notre premier plan de défense. Vous comprenez?

SCÈNE II.
LE VIEILLARD, JONES, UN DOMESTIQUE.

LE DOMESTIQUE.

Je m'apprête de mon côté à le bien accueillir: car quand il arrive ici, oh! c'est une belle corvée! les mines se renfrognent; la libre gaieté disparaît. La morale triste reprend son cours. Je vais donc modeler mon visage sur celui de mes maîtres… M'y voici.

LE VIEILLARD, *à part.*

Enfin, je suis chez elle! J'y vais retrouver des jours paisibles; je le sens à la première impression de joie que me donne l'aspect de ces lieux. (*Haut.*) Où est ma fille?

LE DOMESTIQUE.

Elle est sortie.

LE VIEILLARD.

N'a-t-elle pas reçu ma lettre… Une lettre?…

LE DOMESTIQUE.

Non… Je ne sais… Je ne crois pas… J'ignore.

LE VIEILLARD.

Comment! vous ne savez… Vous avez dû savoir mon arrivée?

LE DOMESTIQUE.

Je n'ai point vu de lettre, et de peur de pécher contre la discrétion, Monsieur, je ne regarde jamais ce qui est écrit sur une adresse.

LE VIEILLARD.

Allez au-devant d'elle, de ce pas, mon ami, et dites-lui qu'un père veut parler à sa fille… à sa fille, entendez-vous? ainsi qu'à son mari, s'il est présent.

LE DOMESTIQUE.

Oh! il est avec elle, très certainement...

LE VIEILLARD.

Eh bien! qu'il l'accompagne; et recommandez-le lui de ma part. Allez!

LE DOMESTIQUE.

S'il consent à l'accompagner, je le lui dirai, et de votre part...

SCÈNE III.
LE VIEILLARD, JONES.

LE VIEILLARD.

Je commence à respirer. Ô mon ami, ce lieu calme déjà mon chagrin. Je n'ai donc plus rien qui soit à moi, que le cœur de celle que je viens visiter... Ô! ma chère fille! ne trompe point ma tendresse! Sous quel jour nouveau j'aperçois cet univers!... Les expressions me manquent... Il me tarde de l'informer de ce qui s'est passé; de lire, sur son visage l'effroi, la surprise, l'indignation! Chère enfant! c'est toi qui me dédommageras!... Je ne vis plus d'impatience! Ah! ma cruelle aînée! Qui me l'eût dit? Si un ange, pour me détromper, me l'eût dit; non, je ne l'aurais pas cru... Viens, viens, ma seconde enfant! viens! j'ai besoin de toi, pour fermer ma blessure! Je te garde une double affection; tu hériteras de ce que l'autre a perdu, de ce qu'elle a voulu perdre; et cette affection, je puis la répandre sur toi, avec une plénitude, qui n'appartient qu'à mon cœur.

SCÈNE IV.[29]
LE VIEILLARD, JUDITH, JONES (*dans le fond de la scène*).

JUDITH.

Bonjour, mon père... Quoi! arriver sitôt et à l'improviste? même sans nous prévenir... Pardonnez à ma première surprise...

LE VIEILLARD.

Bonjour ma fille. Oui, arrivé, et comme tu le dis, à l'improviste; mais non sans t'avoir prévenue; je t'avais écrit.

JUDITH.

Ah! je suis charmée de vous voir.

---

[29] This and the following scene rework much of *KL*, II. 4.

LE VIEILLARD.

Je le crois... car j'aime à le croire, ma fille, que vous en êtes charmée... et si ma présence aujourd'hui ne t'inspirait pas de la joie, la plus grande joie, je voudrais ouvrir le tombeau de ta mère, pour m'y enfermer tout entier.[30] Ma chère fille! je viens donc avant le temps prescrit... Mais...

JUDITH.

Il est vrai, avant le temps prescrit, formellement prescrit.

LE VIEILLARD.

Mais tu ne m'en recevras pas moins bien dans tes foyers, n'est-il pas vrai? Va, je le sais bien? Hélas, le zèle, la reconnaissance, l'amitié, sont bien refroidis ailleurs!

JUDITH.

Où?...

LE VIEILLARD.

Chez la sœur... Quand tu apprendras...

JUDITH.

Comment?... Que dites-vous?... chez ma sœur!

LE VIEILLARD.

Écoute: un mauvais génie a parlé à son cœur; mais il en sortira, je l'espère, il en sortira... À peine puis-je te parler. Non, tu ne pourras pas le croire, toi, dont l'âme est plus noble et plus tendre; non, tu ne pourras pas ajouter foi, je le dirai, à l'ingratitude, à l'indignité de sa conduite!

JUDITH.

Pourquoi me donner des éloges, qui nuisent à ma sœur, et qui la rabaissent! Vous lui aurez attribué, sans doute, les faits ou les paroles de son époux; ou sur des rapports vagues...

LE VIEILLARD.

Comprends ce que je te dis, ma chère fille! Je ne te parle pas de son mari; il n'y avait pas entre nos âmes une correspondance assez intime, pour que... Mais elle, qui... elle a pu oublier! Tiens? sais-tu bien que, sans toi, je ne croirais plus

---

[30] Mercier reworks an image that Lear uses when talking to Regan: 'if thou shouldst not be glad, | I would divorce me from thy mother's tomb, | Sepulchring an adultress' (*KL*, II. 2. 319–21).

aujourd'hui à la sensibilité d'aucun être? Oui, je les verrais tous comme métamorphosés en marbre, en airain. Ah! puisqu'elle n'a plus voulu, d'un père, qu'elle vive donc loin d'un père; j'ai choisi, et je choisirai désormais ta maison pour mon éternelle, pour ma dernière demeure! Là, je serai bien... (*après un repos*) je serai mieux du moins...

JUDITH.

Je vous en supplie, mon père! modérez vos[31] cruels reproches... envers ma sœur! ô! permettez que je prenne ici sa défense! Ma sœur est sans doute toujours la même, et je crois, la connaissant bien depuis son enfance, que vous pouvez plutôt oublier ses vertus, qu'elle son devoir...

LE VIEILLARD.

Elle n'a plus de vertus à mes yeux! car, le sais-tu? elle est sans amour filial, et sans reconnaissance.

JUDITH.

Que dites-vous? Puis-je supposer que ma sœur soit dénaturée; ou l'avouer d'après votre erreur? Il est arrivé, peut-être, qu'elle ait voulu mettre un frein au bruit tumultueux, à l'extrême licence de vos gens? faire quelques réformes urgentes, d'après les circonstances? c'est sur des motifs aussi légitimes, et dans des vues aussi louables, qu'elle aura sans doute agi? Elle n'a pas pu agir autrement, j'en suis convaincue et elle ne mérite pas vos dures accusations, j'ose le dire.

LE VIEILLARD.

Puisse le Ciel la punir, pour l'améliorer! si elle ne change toutefois de caractère...

JUDITH.

Oh! quel emportement, mon père! combien il est injuste! Vous cédez depuis peu (à notre grand étonnement) aux moindres choses! Elles vous affectent. Vous n'avez plus la force ni la vigueur de la jeunesse, et vous devriez conséquemment vous laisser conduire par quelque personne circonspecte, prudente; qui connût mieux votre état que vous ne le connaissez vous-même.[32] Je vous en conjure! retournez vers ma sœur! vous êtes abusé sur son compte: ne l'affligez pas à ce point! c'est un affront douloureux que vous lui faites; et même, j'ose le dire, une haute injustice.

---

[31] Original: 'modérez-vos'.
[32] In *KL*, Regan likewise tells her father that, being old, 'you should be ruled and led | By some discretion, that discerns your state | Better than you yourself'. (*KL*, II. 2. 337–39). (Many other editions of *KL* divide up this long scene into three separate ones, such that the lines quoted here and in subsequent footnotes come from II. 4).

LE VIEILLARD.

Arrête, ma fille! de grâce ne me fais pas perdre la raison! Tu me l'as dit, je suis vieux; tout fait une impression profonde sur mon âme sensible; ainsi ménage-la. Après ce que j'ai fait pour mon aînée, dois-je supplier et mendier ses secours, en lui disant: « Daignez, ma fille, daignez m'accorder des vêtements, du pain, un asile »!...

JUDITH.

Eh! non, mon père, non! vous mettez dans toutes choses une exagération... Ce discours n'est pas trop sensé, et tout le monde en conviendra. Pourquoi ne pas retourner chez ma sœur, qui est désolée de votre absence? qui ne sait à quoi l'attribuer? et lorsque le terme convenu n'est pas encore expiré, pourquoi usurperais-je sur elle un avantage qu'elle aurait droit de me revendiquer? Oh! chacun me condamnerait alors; et à très juste titre...

LE VIEILLARD.

Écoute... c'est moi qui suis juge en ceci, j'espère: Eh bien! je ne puis l'absoudre; elle m'a tenu un langage qui m'a tué!... Amer et douloureux souvenir! elle m'a lancé un regard...[33]

JUDITH.

Vous allez interpréter un regard!...

LE VIEILLARD.

Malheureux! je l'ai reçu! il ne peut plus s'effacer! ma malédiction sur elle![34]... si toutefois ne revenant pas à moi...

JUDITH.

Dieu! dans vos accès de fureur et de vengeance, vous allez me maudire aussi.[35]

LE VIEILLARD.

Non, Judith! non: jamais tu n'auras, tu ne mériteras ma malédiction. J'ai aimé, beaucoup aimé ta sœur! mais toi, je t'ai encore plus chérie. Je ne sais; l'inexplicable instinct du cœur a toujours penché pour toi. Le jour de ta naissance fut le plus beau jour de ma vie, et toutes mes peines disparaissent encore, dès que j'y songe. J'ai remarqué, dès ton enfance, que tu connaissais mieux les sentiments de la

---

[33] Lear is likewise tormented by Goneril's piercing gaze: 'She hath [...] Looked black upon me' (*KL*, II. 2, 348-49); 'Her eyes are fierce' (*KL*, II. 2. 361).
[34] 'My curses on her! (*KL*, II. 2. 335).
[35] 'O the blest gods! | So will you wish on me when the rash mood is on' (*KL*, II. 2. 357-58).

nature;³⁶ que ton âme était plus délicate, plus profondément reconnaissante; et indépendamment de l'amour tendre que j'ai eu toujours pour ma Judith, tu n'as pas oublié, je me plais à le croire, cette partie de mon bien, dont je t'ai composé, avec tant de joie, une si riche dot?...

JUDITH.

Sans doute! Mais vous avez fait pour les autres à peu près autant que pour moi: ma reconnaissance ne différera point de la leur... Je ne vous le cacherai point, j'aime ma sœur; vous ne me reprocherai point ce sentiment, j'espère... et comme c'est ma sœur qui arrive, je ne puis lui interdire l'accès de cet appartement... J'ose vous en prévenir... ne vous en offensez pas.

LE VIEILLARD.

Ciel! elle est ici... Ah! peut-être le repentir la ramène; Dieu clément! fais que ce soit le repentir! fais qu'elle³⁷ expie ses fautes! et ces bras paternels lui sont ouverts... Je suis père; je ne veux que pardonner... que le repentir la justifie.³⁸

SCÈNE V.
LE VIEILLARD, SARA, JUDITH, JONES.
(Les deux sœurs se prennent par la main.)

LE VIEILLARD.

Pourquoi trembler... Qui me fait trembler?... La nature!... Je ne devais plus la revoir... L'ingrate! elle ose me regarder! et moi, je ne l'ose pas... On dirait que je suis le coupable. (*À part.*) Oh! comment combattre un cœur comme le mien? (*Haut, à Sara.*) Détache ta main de celle de ta sœur; crois-moi; il n'est pas encore temps d'oser en ma présence placer ta main dans la sienne.³⁹

JUDITH.

Eh! pourquoi ne prendrait-elle pas ma main? un père, qui, dès notre bas âge, nous a prêché, ordonné la concorde, condamnerait-il, en ce jour, notre union? se pourrait-il...

---

[36] The second half of this speech draws on *KL*, II. 2. 367–70, but the Old Man's memories of his daughter as a child are Mercier's invention.
[37] Original: 'quelle'.
[38] Lear offers Goneril no such second chance for repentance.
[39] 'O Regan! will you take her by the hand?' (*KL*, II. 2. 192).

LE VIEILLARD.

Non, je ne la condamne point; et je le demande au Ciel, cette union étroite, et que j'approuve: qu'un cœur corrige l'autre; je le désire! oui, que ce souhait ardent s'accomplisse! (*À Sara.*) Mais toi, cruelle! oh! prends garde de la pervertir, en lui parlant, laisse-la-moi. (*Après un silence.*) Sara, de grâce! laisse-moi ta sœur! elle n'est point endurcie: ne lui ôte point ce qui la distingue... Il en est encore temps, Sara; sens ta faute! oui, deviens meilleure! c'est le vœu que je te laisse. Tantôt, tu m'as chassé; étranger désormais à ta maison, c'est ici que je demeure, et que j'achèverai des jours, si longtemps troublés...

JUDITH.

Eh! voila l'image que[40] vous m'offrez! En ai-je donc besoin, pour nourrir, échauffer ma tendresse! Ma sœur vous dira, que le terme convenu n'est pas expiré; qu'elle le réclame, en ce moment, et avec instance. J'ajouterai que vous ne vous souvenez plus du traité dicté par vous-même; comment oserai-je, moi, le briser, pour encourir le reproche...

LE VIEILLARD.

Il n'est pas détruit, grand Dieu! le traité! non! Mais il n'est pas effacé, non plus, le regard qu'elle m'a lancé; il me poursuit encore: il me déchire!... Oh! il est là: il tue mon âme! Je ne puis faire un pas vers elle, que je ne ressente tout ce que j'ai souffert, quand elle m'a regardé... Dieu! je lui pardonne! mais ce que je demande de ta souveraine bonté, c'est qu'elle ne me regarde plus, avec cet œil d'enfer, qui m'a épouvanté!...

JUDITH.

Est-ce là un discours raisonnable, mon père?

LE VIEILLARD.

Il est peut-être vrai que je n'ai plus de raison, que mes enfants me l'ont ôtée!... Ma raison s'enfuit... Je n'ai plus rien à moi! Hélas! j'ai tout cédé... Ah! mes filles! ne m'ôtez pas du moins la raison!

JUDITH.

Quoi! toujours des reproches, et les plus outrageants!

LE VIEILLARD.

Judith, non, non: mais tu ne sais pas, peut-être, combien tu m'offenses, par tes paroles!... Ne prends rien de son génie; garde le tien... Auprès d'elle, tu me

---

[40] Original: 'que que'.

sembles encore bonne et vertueuse: il suffit de n'être pas elle, pour avoir une âme: aussi veux-je demeurer avec toi; et jusqu'à ce Dieu me rappelle à lui.

JUDITH.

C'est par votre volonté que je me trouve aujourd'hui sous la puissance d'un époux, à qui toute ma vie appartient; il faut qu'il soit consulté, et vous ne vous y opposerez pas? Je n'ai encore rien préparé, je le confesse, pour vous recevoir honorablement.[41] D'ailleurs, j'appréhende tout à la fois, et de déplaire à ma sœur, qui a des droits antérieurs aux miens; et à mon mari, qui a ses principes invariables: notre maison, déjà très incommodément resserrée par son local et par d'autres circonstances... Mais voici celui que vous m'avez donné pour maître; c'est à lui, et non à moi, de décider sur un point...

SCÈNE VI.
LES PRÉCÉDENTS, CLAVERO.

LE VIEILLARD.

Je vous salue, mon gendre. J'anticipe un peu sur le terme fixé, direz-vous. Mais faut-il vous l'avouer? je viens ici pour me reposer de mes tourments; oui, me reposer, vous dis-je, auprès de ma fille chérie... J'ai tant souffert?... Vous saurez...

CLAVERO.

Ah! Monsieur, très volontiers! Mais permettez que je vous en prévienne! vous allez occasionner infailliblement une querelle entre des parents très unis... Je vous plains beaucoup dans les chagrins que vous vous donnez gratuitement! car vous vous privez vous-même... Or, pour être bien obéi, il ne faut qu'une seule autorité dans une maison... Vous en conviendrez?

LE VIEILLARD.

Eh bien! j'immolerai la mienne... mon gendre; soit.

CLAVERO.

Dispensez-vous donc d'un commandement sévère, de vouloir être servi, et uniquement par vos affidés. Votre bonté aveugle les favorise outre mesure; ils n'en sont que plus impertinents. Vous aurez nos domestiques: s'il leur arrive de vous manquer, nous serons là pour les réprimander, pour les punir. La maison de votre aînée, qui vous réclame, quoique plus vaste que celle-ci, a été troublée par votre humeur, vive, impérieuse, et que vos serviteurs (s'il m'est permis de ne

---

[41] Compare Regan: 'I looked not for you yet, nor am provided | For your fit welcome' (*KL*, II. 2. 421–22).

rien vous taire) n'imitent que trop fidèlement! ils ajoutent toujours au ton qu'ils reçoivent d'autrui.

LE VIEILLARD.

Dieu! donne-moi la patience et la force d'entendre et d'écouter. Accorde-la moi, grand Dieu! calme cet orage, qui déjà gronde dans mon sein... Si c'est vous, mon gendre, qui armez ces filles contre leur père, dites-le-moi, et je leur pardonnerai le crime d'un autre?... Mais non, un tel forfait ne s'inspire pas... Vous croyez que, brisé par la douleur qui m'assiège, je pleurerai devant vous? Non, non: je ne pleurerai point.[42]

JUDITH.

Vous aurez tout ce qui vous sera nécessaire, mon père: mais par complaisance, si ce n'est par justice, prêtez l'oreille aux propositions de ma sœur?

LE VIEILLARD.

Ah! privez-moi du nécessaire, mais n'endurcissez pas vos cœurs! ne renversez pas en un instant toutes mes idées, je vous en supplie, mes chers enfants! ne me faites pas devenir insensé!... Oui, je le crains!... Dieu! conserve-moi la raison!

SARA, *à Judith*.

Vous voyez qu'il extravague.

JUDITH.

Hélas!... son état empire... je le vois trop!

CLAVERO.

Vous êtes aigri, Monsieur, et tous les objets prennent dès lors la teinte de votre imagination blessée! Nous savons très bien qui entretient en vous cette fâcheuse disposition; c'est un vieillard rusé méfiant, qui a pris sur vous un ascendant absolu: mais cet empire extravagant doit bientôt cesser. Le désir, ou plutôt la volonté de toute la famille! serait qu'il s'éloignât, sous peu de jours: alors la paix rétablie.

LE VIEILLARD.

Dieu! je ne provoque point la foudre... Non, non... je veux conserver le calme...

---

[42] Compare Lear: 'No, I'll not weep' (*KL*, II. 2. 472).

CLAVERO.

Eh! que vous proposons-nous? D'aller habiter une petite campagne en bon air, où vous serez soigné, et environné de toutes les commodités possibles.

LE VIEILLARD.

Loin de mes enfants!... Le monde se renverse-t-il autour de moi?... Je ne sais plus ce qui m'environne!

CLAVERO.

Mais... nous irons vous voir tour à tour: nous nous en ferons un devoir, une fête; à condition toutefois...

LE VIEILLARD.

Achevez! achevez, puisque c'est vous, Monsieur, qui êtes ici l'organe...[43]

CLAVERO.

À condition, que nous n'y trouverons point celui qui vous gouverne à toute heure; qui vous rend difficile, opiniâtre; qui vous inspire enfin tous les caprices changeants, que vous n'auriez pas, sans lui, vu la sagesse de vos premières années.

LE VIEILLARD.

Ciel! je vais succomber? Regarde en pitié un infortuné vieillard, qui sent la mort... qui sent la fureur!... Hélas! qui pourrait sentir la haine contre son sang... Ciel! préserve-moi de cette affreuse haine! car celle qui est entée sur l'amitié expirante, devient la plus violente, la plus implacable de toutes! Quoi! faire cet affront à votre père, mes filles!... Songez...

JUDITH.

Nous sommes en puissance d'un mari; et nous lui devons le sacrifice de nos volontés...

LE VIEILLARD.

Ah! je me disais quelquefois avec orgueil: qui est celle d'entre vous, dont son père pourra se vanter d'être le plus aimé?... et... congédier avec une froide inhumanité, mon fidèle, mon unique serviteur.

---

[43] *Organe*: 'se dit figurément de la personne dont on se sert pour déclarer ses volontés, par l'entremise et par le moyen de laquelle on fait quelque chose' (*AF* 1835). The Old Man is presumably suggesting that Clavero is working on behalf of Judith.

CLAVERO.

C'est que nous nous sommes aperçus que rien ne redoublait votre humeur chagrine, comme sa présence. Balanceriez-vous, Monsieur, à l'éloigner sur-le-champ, d'une maison où il répand, où il entretient la discorde? Nous lui ferons d'ailleurs un sort.

LE VIEILLARD.

Eh! savez-vous que l'homme que vous voulez séparer de moi, est mon bon, mon ancien... hélas! mon seul ami, peut-être?

CLAVERO.

Votre bon, votre fidèle ami! Ah! Ah... Quelle offensante prédilection! et combien elle est injurieuse pour nous!

LE VIEILLARD.

Je le vois, mes gendres, mais je ne m'en étonne point! Ma langue n'est point la vôtre, et ma voix ne va pas jusqu'à vous. Ah! vous ne connaissez ni l'énergie, ni la profonde sensibilité de mon âme, et pour vous, sans doute, la vie d'un vieillard semble une éternité.

CLAVERO.

Vous n'aimez guère[44] vos enfants, Monsieur, ni nous, si vous pensez cela! et si vous leur supposez, en leur refusant un léger sacrifice...

LE VIEILLARD.

Et mes enfants ne m'aiment guère,[45] s'ils veulent m'ôter ce dernier appui!... Ah! Judith! je t'ai vue naître, je t'ai vue grandir; je t'ai cent fois portée dans ces bras que voici, quand tu n'étais encore qu'une enfant; sur ces pauvres bras! J'ai admiré ton sourire, et ces mots heureux, que tu ne comprenais pas. J'ai cru lire dans tes traits l'aurore d'une bonté, d'une tendresse inaltérables! Me serais-je trompé? dis Judith?

JUDITH.

Vous nous outragez chaque jour, à cause de lui, et dans ce moment même, le préférant à nous... Apprenez que c'est notre vœu à tous, que c'est le désir de la famille entière et réunie...

---

[44] Original: 'guères'.
[45] Original: 'guères'.

LE VIEILLARD.

Quel est-il ce vœu?

JUDITH.

Que si vous voulez absolument demeurer avec lui, nous ne pourrons plus demeurer avec vous.

SARA.

L'intention de ma sœur et la mienne s'accordent parfaitement, en ce point... La décision unanime est enfin qu'il s'éloigne de votre personne.

LE VIEILLARD, *courroucé avec force.*

Je l'accepte... Demeurer avec vous, filles perverses! Allez! je n'ai plus besoin que d'un tombeau! S'il y a un tonnerre pour les enfants ingrats!... Allez: l'éternité nous sépare!... Éternité sépare-nous! Dieu! elles l'ont voulu, les cruelles!... Oui, nous serons séparés? c'est le vœu parricide de leurs cœurs.

JUDITH.

Oh! des imprécations?... Quoi!... contre vos filles!

LE VIEILLARD.

Punissez-moi de vous avoir aimées! Tout parent crédule et généreux est donc trompé, assassiné par les siens! Vous vous taisez, malheureuses! vous vous unissez contre un père, dans un affreux silence! Ô nature![46] dans ce jour de justice et de colère entends ma voix! porte dans leur flanc la stérilité, afin que jamais aucun enfant ne les honore du nom de mère!... Après ce que votre langue impie a proféré, filles ingrates! vos mains sont prêtes pour le crime; votre pied sacrilège est avancé, pour frapper et repousser mon cadavre...

CLAVERO.

Calmez-vous, de grâce, Monsieur! n'opprimez pas à ce point vos enfants!... Eh! qu'ont-ils donc fait, pour motiver vos fureurs?...

LE VIEILLARD.

Il n'y a plus d'enfants... Vertus des enfants, vous n'êtes qu'un misérable vide! plus de piété filiale sous le soleil... Tout est chaos, enfer et désordre... Achevez! d'un seul coup, brisez ma tête chauve... Accours à mes cris! Viens! viens, mon ami, mon seul ami; viens soutenir ma vie défaillante. (*Jones entre et se précipite dans ses bras.*) Je sens que je meurs...

---

[46] The Old Man's curse on both daughters distils Lear's curse on Goneril in *KL*, I. 4. 273–78.

SCÈNE VII.
LES PRÉCÉDENTS, JONES.
LE VIEILLARD.

Et voilà celles que j'appelais!... Regarde! Il n'est donc point d'art qui apprenne à deviner l'âme sur les traits du visage!... Les voilà soulevées contre moi? Et tu me l'avais prédit...

JONES.

Est-il possible!... Non! non!...

LE VIEILLARD.

Enfants! vous fuyez un père, comme s'il était déjà jeté dans la fosse... Mais je vis pour vous juger.[47] (*À Jones.*) Sens-tu le coup qui m'atterre? Et vois! leur conscience frappée, ne pâlit point... Dieu! Ô Dieu! laisse-moi, en fuyant de ce monde, laisse-moi un univers réduit en cendres, où je serai seul avec l'astre pâle de la nuit et les déserts éternels! Là, j'aurai toute l'éternité pour analyser à loisir le cœur de mes filles, de ces inconcevables créatures, jadis si tendres, aujourd'hui si cruelles! Ô misérable et douloureuse vie!... Elles ne reviennent point à moi!... mort! tout est mort! (*Avec explosion.*) Par ces cheveux blancs que je tiens, fuyez loin de moi! loin de moi! ou ma malédiction vous atteint et vous écrase![48] C'est le jour de la séparation éternelle! Vous l'avez voulu?... eh bien! il est arrivé... Réjouissez-vous...

CLAVERO.

Quel fougueux vieillard!

SARA.

Son esprit est aliéné; il est vraiment atteint de folie!... et d'une folie incurable.

JUDITH.

Sortons. (*Elles prennent la fuite.*)

---

[47] Perhaps a vague gesture to the hallucinatory mock-trial Lear holds for his daughters in the presence of Edgar, Kent, and the Fool (*KL*, III. 6).
[48] Original: '?'.

SCÈNE VIII

LE VIEILLARD, JONES.

LE VIEILLARD.

Elles fuient: elles vont rejoindre dans le fond des forêts les êtres insensibles, les animaux féroces, dont elles ont pris l'instinct! Et moi, il ne m'est pas encore possible d'oublier des objets qui m'étaient si chers!

JONES.

Ah! mon bon maître! luttez en homme courageux contre le malheur.

LE VIEILLARD.

Et toi, réponds! dis? que fais-tu près de moi? Tu vas m'abandonner aussi? oui tu le dois. Eh! quel lien m'unit à toi? Dis? que te fait ma douleur? Pourquoi serais-tu sensible à ma calamité? J'avais des enfants; ils m'ont assassiné! Mais vois-tu? Ce ne sont pas des assassins ordinaires. Sais-tu ce qu'ils ont fait? Écoute! ils m'ont jeté nu dans le cercueil; ils ont cloué la bière, tandis qu'étouffé, je tâchais de soulever le couvercle fatal, que leurs mains sacrilèges ont pressé sur moi, avec effort... Voilà ce qu'ils ont fait![49]...

JONES.

Ah! Dieu... Songez que vous avez une troisième fille!... Croyez! ah! croyez à sa tendresse.

LE VIEILLARD.

Plus d'enfants! plus d'enfants!... Elle sera dénaturée, comme les autres!... Tout est oblique et faux dans le cœur humain! En ces jours malheureux, le vice lutte contre la vertu; mais tout ce qui est vice ou vil intérêt l'emporte. Tu ne sais pas une grande, une affreuse vérité! Je te la dirai; mais tout bas; tout bas. Point d'enfant, qui ne désire la mort de son père, sous la voûte du firmament! il n'est pas un cœur où la noire ingratitude n'ait déposé son germe... Tout est perverti dans la nature de l'homme... Cette cruelle vérité, eh! combien je la rejetais! Elle me luit enfin! et d'une clarté horrible, mais vraie.

JONES, *à part*.

Ses malheurs ont égaré sa raison.

---

[49] Original: '?'.

LE VIEILLARD.

Justice, pitié, commisération, mots vides de sens! Lois du monde! jeux du hasard... Allons, je ne veux plus de toit au-dessus de ma tête: c'est la pierre et l'airain qui forment le cœur nouveau des hommes. Le désordre règne; les rayons du soleil éclairant le globe, se brisent sur l'immense rideau des crimes voilés! la trompette de la révolte contre les pères, a sonné lugubrement dans la nature entière...

JONES.

Ses longues calamités ont tellement frappé ses esprits...

LE VIEILLARD.

Je vais mendier, je vais tendre une main suppliante! je suis né pour l'ignominie, pour être rebuté, chassé! mais par mes lamentations, par le récit de mes infortunes, j'attendrirai les cœurs! Que dis-je? je n'attendrirai personne! car des hommes, des hommes! il n'y a en plus sur la terre; les tigres, les serpents, les vipères... les enfants ingrats en hérissent la surface...[50]

JONES.

Hélas! sa tête se trouble de plus en plus!

LE VIEILLARD.

Si j'avais un glaive, et que je pusse trancher la race insensible et dure, tiens, à coup sûr, je faucherais l'espèce humaine.

JONES.

Le désespoir qui l'agite... Oh! comment le sauver de son délire?

LE VIEILLARD.

Honnête Jones! sors de cet abîme d'horreurs; de cet impur séjour, de ce repaire d'iniquités! Pourquoi te trouves-tu encore près de moi? Insensé! va jouir de la fortune que je t'ai assurée! mais ne te fie jamais aux témoignages de ce qu'on appelle l'amitié! c'est le mot le plus trompeur dont se servent ici-bas les traîtres humains. Ah! je ne mourrai pas du moins sans avoir été détrompé!... Surtout, ne crois point aux caresses de celles qui diront t'aimer! tu verras des yeux en pleurs, puis des cœurs de fer! elles te flatteront, pour attirer ton héritage; mais dans leur barbare insensibilité, elles finiront par le faire expirer de douleur! Et

---

[50] Mercier's Timon will also list snakes and tigers alongside each other (*TdA*, v. 3). This animal imagery loosely echoes *KL*, when Albany calls Goneril and Regan 'Tigers, not daughters' (IV. 2. 41), and Timon's curse in *ToA* (IV. 3. 188–89).

leur conscience endurcie ne leur dira pas même, que c'est là un crime... L'air, la terre, les mers, les lois naturelles sont interrompues, sont troublées: désordre! te voilà déchaîné! ravage l'univers... (*Il sort*).

SCÈNE IX.
JONES, *seul*.

Oh! Suivons-le partout! Sauvons-le de lui-même! Hélas!... l'intérêt fait donc taire aujourd'hui le devoir, la nature!... Ses filles... Je ne voudrais pas avoir un pareil cœur dans mon sein, pour toutes les grandeurs de l'univers!... Mais moi, je les remplacerai, ces impitoyables enfants! Je tendrai les bras à son infortune! je l'accompagnerai dans les contrées et dans les courses, où le guideront la douleur ou l'aveugle désespoir.

ACTE III.
Le théâtre représente une forêt; sur la droite est une cabane.
PREMIÈRE SCÈNE.
JONES, *seul*.
(*On voit errer Jones.*)

Il est parti... Il s'est échappé de nos bras, malgré nos longs et inutiles efforts!... Hélas! sa tête est aliénée... Cruels enfants! qui l'avez réduit à cet horrible état, vous en répondrez... Prêtons l'oreille; car on le suit à ses gémissements, à ses cris douloureux et plaintifs... Il a pris le chemin de cette forêt ténébreuse: je veux l'y suivre, courir sur ses traces les montagnes et les bois, le chercher, le trouver, ou me précipiter du haut de ces rochers, s'ils ont été les tristes témoins de sa mort. (*Il s'enfonce dans la forêt.*)

SCÈNE II.
CAROLINE, *seule, regardant de côté et d'autre*.

Hélas! où le trouver ce bon père?... Je regarde aussi loin que mon œil peut s'étendre... Mes cris percent en vain le sacré silence des forêts! Il s'est échappé la tête nue, et déjà la nuit affreuse va l'envelopper![51] Qui lui ouvrira sa porte? La douleur a égaré ses esprits! Dieu! suspendez vos coups! sauvez sa raison de ces étranges égarements... Ah! si le sommeil avait pu prendre, il eût porté quelque baume dans ses organes blessés...[52] Moi! je ne dormirai plus qu'il ne soit consolé

---

[51] It is not made clear how Caroline knows that her father has run off, unless we assume that she was in contact with her sisters.
[52] Cf. Kent: 'Oppressed nature sleeps. | This rest might yet have balmed thy broken sinews' (*KL*, III. 6. 94).

et guéri… Mais, comme ce Ciel est sombre! il devient menaçant: toute la nature est attristée, ainsi que mon âme… Voici un orage qui s'apprête… Déjà l'éclair… Mettons-nous à l'abri… Ô mon père, mon père! où êtes-vous? apparaissez à votre fille, afin que sa main vous guide, et que sa voix vous console!… Entrons… (*Elle entre dans la cabane*).

SCÈNE III.

LE VIEILLARD, *seul.*
(*On entend l'orage qui gronde.*)

Plus d'enfants, plus d'enfants, dans l'immense création! La terre est dépouillée de ses ornements; le globe est désert; les végétaux croissent encore; mais ils vont tomber et pourrir… Le soleil lui-même tombera… Tout est dissous dans la nature, car le cœur des enfants s'est séparé du sein paternel!… Vents, rugissez![53] grondez, tempêtes! éclairs, enveloppez-moi! tonnerres, éclatez! Ce grand courroux des éléments soulevés plaît à ma douleur… L'orage est aussi dans mon sein; mais il rugit là plus terrible encore… Foudre exterminateur, frappe ma tête, comme celle de ces rocs arides! Eh! pourquoi l'épargnerais-tu?… C'est vous, filles dénaturées, qui avez donné au monde l'exemple de la subversion! il sera suivi: la confusion va s'étendre, et dévaster tout le globe! Oui, si le Ciel ne se hâte pas d'envoyer des anges, pour repeupler le monde, les hommes vont bientôt s'entredévorer…[54] Mes filles!… Les voici! et transformées en monstres…[55] Les éclairs me découvrent leurs traits hideux… Oui, les voilà, mes criminelles filles! Je n'ai pas besoin de les maudire, elles portent le visage bleuâtre des Furies, de l'ingratitude…[56] Tonnerre lointain, rapproche-toi! Je défie le sort et la tempête; je souffre ce qui est plus que douleur, ce qui est au-delà du désespoir… Poignardé par mes enfants! naufragé sur la mer impétueuse de ce monde, il me semble que la nature entière va me repousser hors de son enceinte. Oh! que cette tête chauve soit le but de tous les traits foudroyants qui sillonnent les airs…[57] Car, père infortuné, abandonné des miens, je puis sourire, moi, à la destruction des mondes…

---

[53] Shakespeare's Lear also rhetorically commands the elements: 'Blow, winds, and crack your cheeks! rage! blow! | You cataracts and hurricanoes, spout | Till you have drench'd our steeples, drown'd the cocks!' (*KL*, III. 2. 1–3).

[54] We have another apocalyptic fantasy here, although this time the Old Man imagines people destroying each other without his own input.

[55] The daughters' ingratitude is twice cast as monstrous in *KL*: 'Ingratitude, thou marble-hearted fiend, | More hideous when thou show'st thee in a child | Than the sea-monster' (I. 4. 251–53); 'monster ingratitude!' (I. 5. 37).

[56] In classical mythology, the Furies — also known as Eumenides or Erinyes — were chthonic deities of vengeance, tasked with punishing oath-breakers or the worst criminals, whom they would pursue remorselessly until they were driven mad. In *TdA*, Timon twice speaks of being hounded by them, although not directly in the context of ingratitude (III. 11).

[57] A possible echo of *KL*, III. 2. 21–24.

SCÈNE IV.

LE VIEILLARD, D'ANGELI.

D'ANGELI, *sortant de la cabane.*

Qui se plaint si douloureusement?... Et qui peut être ici seul, à cette heure, avec cette affreuse tempête?...

LE VIEILLARD.

Moi, dont l'âme est encore plus remplie de trouble, d'agitation et d'horreurs.

D'ANGELI, *le reconnaissant.*

Ah! c'est vous... Monsieur Lamanon!... est-il possible?...

LE VIEILLARD.

Quelqu'un me reconnaît ici! Qui pourra me dire ce que je suis? moi, je l'ignore! Je n'ai plus d'autres biens que l'air; je suis dans l'état le plus abject, où jamais la misère ait abîmé, défiguré un homme; chassé; dépouillé; nu; délaissé.

D'ANGELI.

Ah! je vous offre mon humble chaumière... Daignez-vous y refugier!

LE VIEILLARD.

Va; le creux d'un arbre m'aurait tout aussi bien servi d'asile...[58] Mais avant que j'entre chez toi, souffre, ami, que je te fasse une seule question: Es-tu père? as-tu pour enfants des filles?

D'ANGELI.

Je n'ai point de filles; car je n'ai point d'enfants.

LE VIEILLARD.

Tu n'es donc pas malheureux!... Ah! que j'envie ton sort... Eh: bien, j'entrerai chez toi, et j'y reposerai; j'y reposerai, puisque tu n'as point pour enfants des...

D'ANGELI.

J'ai vu là-bas, là-bas, deux personnes bien affligées, et qui vous cherchaient.

LE VIEILLARD.

Tu te trompes, ou l'on t'a trompé; personne ne me cherche... Qui me chercherait?[59] ne vois-tu pas que je suis un mendiant, qui ne peux plus déterminer

---

[58] Shakespeare's Edgar hides in the 'happy hollow' of a tree (see *KL*, II. 2. 173).
[59] Even though he continues to doubt Caroline, the Old Man also seems to have forgotten about Jones.

la pitié, que par des gémissements plaintifs et prolongés? Ne vois-tu pas que le froid, la faim, la nudité, voilà mon partage... Dénué de tout...

D'ANGELI.

S'il est ainsi, il vient souvent dans ma chaumière une jeune femme, noble, sensible et tendre, qui me comble de ses bienfaits.

LE VIEILLARD.

Une femme sensible et tendre, dis-tu? elle se nomme?

D'ANGELI.

Caroline?[60]

LE VIEILLARD.

Je l'ai connue autrefois... Je m'en souviens.

D'ANGELI.

Vous avez donc connu la bonté, la grâce et la sensibilité réunies.

LE VIEILLARD.

Vains songes! illusions! Tu ne sais donc pas qu'il n'y a plus de vertus, ni de reconnaissance sur la terre? Cet orage, en grondant, a dit dans les airs, *Triomphe des ingrats*!

D'ANGELI.

Ah! si vous la connaissiez, celle dont je parle!

LE VIEILLARD.

Je l'ai connue, te dis-je; je l'ai moins aimée que les autres;[61] elle doit agir avec plus de rigueur envers moi: elle fera bien; elle justifiera ses cruelles sœurs.

SCÈNE V.

LE VIEILLARD, CAROLINE, D'ANGELI.

CAROLINE, *dans le fond*.

Je l'aperçois... Ses cheveux blancs que soulève la tempête... Allons à lui... Hélas! il va me méconnaître... Comme son front est altéré par le désespoir. Dieu!

---

[60] Although a full stop would make grammatical sense here, I have kept the question mark of the original; it seems to suggest that d'Angeli knows that Caroline is the Old Man's daughter and is cautiously testing whether the confused old man recognises her name.
[61] Conversely, Caroline's counterpart Cordelia is Lear's favourite daughter, at least at the start (Lear: 'I loved her most', *KL*, I. 1. 124).

rétablissez l'harmonie et le calme dans l'âme de ce bon père... Végétaux! s'il en est parmi vous d'assez puissants, pour endormir les chagrins et adoucir la douleur de l'âme, offrez-vous à ma main filiale![62] Et vous, grand Dieu![63] faites que ma voix, comme une rosée bienfaisante, ranime ce cœur flétri; que mes larmes pieuses coulent sur ses joues... Approchons... Ô mon père! mon tendre père!

LE VIEILLARD, *assis.*

Qui est là, et qui me tend la main?

CAROLINE.

C'est votre fille...

LE VIEILLARD.

Je n'ai plus de filles...

CAROLINE.

Oh! ne me repoussez point!... Que je répare le trouble, dont mes deux sœurs ont affligé votre personne sacrée... Me reconnaissez-vous?

LE VIEILLARD.

Oui, je vous ai vue... Vos traits!... Ils sont dans ma mémoire: mais je suis entouré de méchants, que je n'ai point mérités: car, je leur ai fait du bien, à tous ces méchants-là... Dites, Madame, quand je n'aurais pas été leur père, ces cheveux blanchis n'auraient-ils pas dû exciter du moins leur charitable compassion? Devaient-elles m'envoyer au fort de la tempête, tête nue et sans abri, passer la nuit froide dans l'abandon? Eh! l'on donne une retraite dans l'orage, quand il s'est égaré, au pauvre animal de son voisin; on le prend, on le réchauffe auprès du foyer. Jugez-les, Madame, vous qui me semblez si différente d'elles! bien bonne, bien compatissante?...

CAROLINE.

Ah! ne suis-je plus rien autre chose pour vous? votre œil... quoi! il se détourne!... Voyez-moi? étendez sur moi votre main, pour me bénir... je vous en conjure?

---

[62] Original: '?'.

[63] Caroline's use of the 'vous' form to address God is non-standard nowadays but was common amongst early modern French Catholics; we find it, for example, used in the Lord's Prayer in Richard Simon's 1702 translation of the New Testament. Curiously, though, her father nonetheless addresses God as 'tu' (e.g., 'Oh Dieu! ne souffre pas que je perde la raison' in I. 11).

LE VIEILLARD.

Que je vous bénisse, moi! Délaissé de la nature entière, moi! malheureux vieillard, à qui rien ne reste aujourd'hui dans le monde! moi! ah! j'ai besoin de la bénédiction des autres, et personne n'a besoin de moi!

CAROLINE.

Je suis votre fille.

LE VIEILLARD.

Et quand cela serait, vous m'abandonneriez bientôt, ou vous pourriez m'abandonner, après m'avoir outragé, et il n'y aurait rien là d'extraordinaire.

CAROLINE.

Moi, vous abandonner!… Je viens ici pour ne plus vous quitter; pour prévenir en tout vos ordres, vos volontés, vos moindres désirs; pour être à vous, dans tous les lieux que vous voudrez habiter, comme dans tous les instants de ma vie.

LE VIEILLARD.

Ah! je suis bien en ce lieu! Ne m'arrachez point de ce lieu! car j'attends ici quelqu'un… quelqu'un, Madame, qui m'aime encore, tandis que ceux qui auraient dû m'aimer… Mais je le vois! c'est lui; c'est Jones… Jones!… Ah! c'est mon ancien ami, Madame, mon bon ami, mon seul ami; et déjà je pleure en le voyant…

SCÈNE VI ET DERNIÈRE.
LES PRÉCÉDENTS, JONES.

LE VIEILLARD.

Bonjour, ami!… Eh! je, t'attendais toujours! D'où viens-tu? Tiens, en ton absence, voici une dame que j'ai rencontrée, et qui me paraît être bien charitable! Du moins pour moi!

JONES.

Eh! reconnaissez-la, mon cher maître; regardez-la… c'est votre enfant…

LE VIEILLARD.

Non! non! les enfants sont morts.

JONES.

Revoyez celle que je vous ai annoncée, et qui vient vous rendre ici tout ce que vous avez perdu; tout ce que vous devez attendre de son amour et de sa tendresse.

LE VIEILLARD.

Elle me fait plaisir à voir; Jones! qu'elle ne s'en aille point encore; car j'aime bien à la voir.

JONES.

Celle que vous voyez... sera à vous, tant qu'elle respirera.

LE VIEILLARD.

Bien vrai!... Ah! je m'en réjouis! Je ne me défendrai point du plaisir de vivre auprès d'elle... Elle m'embrasse, Jones! elle me prodigue ses caresses! à moi! Oh! la digne, la généreuse créature! c'est un ange, je crois!

JONES.

Vous ne vous trompez point... embrassez-là; c'est votre ange.

LE VIEILLARD.

Jones! ces larmes que je répands, elles m'attendrissent; elles ne sont plus si brûlantes! elles ne sont pas comme les autres, du plomb fondu sur mes pauvres joues! dis-moi donc pourquoi cela?

CAROLINE.

Ah! bon père? le meilleur des pères!... Pardonnez... pardonnez!...

LE VIEILLARD.

Je le sens; c'est l'ange qui fait tout cela: oui, c'est l'ange: où demeure l'ange?

CAROLINE.

Avec vous, et pour toujours; oui, sans cesse avec vous.

LE VIEILLARD, *toujours dans le délire.*

Ah! tant mieux! tant mieux, ange! Quelle douce émotion l'ange me fait éprouver!... Eh! pourquoi vous mettez-vous à genoux? devant qui? devant moi?

CAROLINE.

Le crime ou l'oubli de mes deux sœurs, je viens l'expier, l'effacer: je viens accomplir ce qui elles n'ont pas fait... Ô mon père, que je baise en silence la poussière de vos pieds.

LE VIEILLARD.

Oh! je ne mérite point que l'on s'humilie ainsi devant moi! Je suis un pauvre vieillard qui n'ai plus rien, qu'un cœur bien tendre, mais déchiré...[64] Vous

---

[64] Perhaps a faint echo of Lear's 'I am a very foolish, fond old man' (*KL*, IV. 7. 60).

pleurez!... Ses larmes, Jones, ses larmes mouillent ma main! dis-moi donc qui les verse, ces larmes?

CAROLINE.

C'est le cœur qui vous appartient tout entier; c'est Caroline.

LE VIEILLARD.

Ah! si c'est Caroline, paix! paix!... Ne prononce pas ce nom-là tout haut! car j'ai du remords, de la confusion: J'ai flétri la joie de sa jeunesse... Cette pâleur sur ses joues m'accuse... Je fus injuste...

CAROLINE.

Ah! paroles trop tendres!... Elles me percent l'âme!

LE VIEILLARD.

Qu'elle me pardonne, et ne me haïsse point... Ange! ne sois pas Caroline!

CAROLINE.

Je suis elle, je suis elle; et je meurs à vos pieds! si...

LE VIEILLARD, *sortant de son délire.*

Si c'est toi, ne m'aime pas, ou dissimule ton amour: car tes sœurs te haïraient de m'aimer! cache-toi bien d'elles!... Prends garde!

CAROLINE.

Je veux vous aimer.

LE VIEILLARD.

De quel ton elle dit qu'elle veut m'aimer! Ah! c'est que des anges ne connaissent point, ne nourrissent point la haine... Et pourquoi! Jones, m'aimerait-elle?

CAROLINE, *détachant un portrait.*

Pourquoi! Ah Dieu! parce que voici ma mère... Regardez le présent sacré que vous avez attaché à mon cœur, le jour de ma naissance; il ne m'a pas quitté depuis. Voyez l'image chérie de ma mère. (*Elle remet le portrait aux mains du Vieillard.*) Ah! ma mère, je vous invoque en ce moment! aidez-moi du fond de votre tombeau, à rappeler au cœur d'un père, l'image d'une fille tendre, respectueuse, et dévouée jusqu'à la mort!

LE VIEILLARD, *prenant le portrait.*

O portrait!... ange! je te presse sur mon sein! tu chasses insensiblement les nuages dont ma raison était obscurcie! tu fais rentrer insensiblement la joie... Dieu! suis-je encore père?

CAROLINE.

Oui.

LE VIEILLARD.

Est-ce une fille nouvelle que le Créateur m'a donnée tout-à-coup, pour remplir l'étendue de ce cœur, dont il connaît la flamme et l'impétueuse tendresse?

CAROLINE, *plus fortement.*

Oui.

LE VIEILLARD.

Si c'est un présent de ta bonté, grand Dieu! tu ordonneras donc au désespoir de sortir de mon âme! Je suis vieux, et j'irai chez elle, y terminer mes jours; qu'elle soit ma fille, ou qu'elle ne le soit pas; car il me faut un enfant... il m'en faut un, hélas!

CAROLINE.

Je suis cette enfant.

LE VIEILLARD.

Bien vrai?...

CAROLINE.

Dieu le sait.

LE VIEILLARD, *avec un cri.*

Ah! Caroline! je le crois: mes entrailles paternelles en frémissent... Coulez donc, larmes, qui m'oppressez! larmes qui pesiez d'un poids si terrible sur ce cœur aride et desséché! sommeil de ma raison, disparais!... Ah! ma Caroline! oui, je t'ai vue dans le berceau... Je ne pouvais vivre alors sans me voir entouré de berceaux!... Ô mon enfant unique!...

CAROLINE.

Pourquoi?... unique? Pardonnez, pardonnez aux coupables, à moi, bon père!... Ne soyez pas inexorable!... Ô mes sœurs! je me prosterne, avec vous, pour obtenir grâce! mes sœurs humiliées, repentantes, se prosternent devant vous, avec moi... Grâce! grâce!

LE VIEILLARD.

Ange! tu m'attendris; tu attendris jusqu'à la malédiction que j'ai lancée sur elles!... Eh bien! que le Ciel, dont tu dois être l'amie, que le Ciel désarmé la révoque, et je ne m'y opposerai point.

CAROLINE, *avec un cri.*

Ciel! qui l'entendez, vous préférez la clémence d'un père à sa colère! Vous n'exaucerez que le dernier vœu de sa tendresse et de sa raison! Le Ciel est miséricordieux! mon père le sera aussi, et pour mes sœurs, et pour moi?

LE VIEILLARD.

Oui, ange! oui, ma fille! Tu m'as fait entrer dans un jour tout nouveau: un nouveau jour me luit et m'éclaire: ma raison n'est plus troublée. (*Embrassant sa fille.*) Pense, en cet instant, que c'est le vrai baiser d'un père; et avec lui, le pardon...

CAROLINE.

Le pardon de mes sœurs!

LE VIEILLARD.

Oui! oui, le pardon entier... Je te l'accorde... Ah! si mes filles ne veulent plus m'aimer, il faut moi, que je les aime... Entends-tu, Caroline?

CAROLINE.

Doux nom! vous faites mon bonheur! Ah! vous nous retrouverez toutes trois; mon cœur vous le certifie... Croyez à leur repentir: nous avons toutes trois à réparer...

LE VIEILLARD.

Quand l'imagination est troublée, comme l'homme perd la connaissance de lui-même! Tu m'as guéri, Caroline! et quoiqu'il arrive, je m'abandonne à toi; car c'est à toi que je veux confier la tranquillité de mes vieux jours... Je compte encore sur le bonheur!

CAROLINE.

Nous le ferons! Dieu m'en est le témoin. (*Le prenant*[65] *dans ses bras.*) Venez... venez... venez.

Fin du troisième et dernier acte.

---

[65] The original reads '*le prennent*'; this might have been a typographical slip for '*ils le prennent*', but this would have also meant replacing 'ses' with 'leur'.

TIMON D'ATHÈNES
EN
CINQ ACTES EN PROSE,

Imitation de Shakespéare.[1]

PAR L. S. MERCIER.

À PARIS.

De l'imprimerie de THÉODORE GÉRARD,
rue du Bacq, N° 149

L'an 3ème de la République.

---

[1] I have preserved the idiosyncratic spelling here; in Mercier's other texts we tend to find the spelling 'Shakespear'.

PREFACE.

M'étant trouvé dans une affligeante situation d'esprit, par une suite de la tyrannie qui a pesé sur la France entière, en opprimant ses mandataires les plus purs, les plus courageux, et les plus fidèles.[2] Réduit à une inaction forcée, j'eus recours à mon auteur favori, dont je recommençai la lecture; ainsi j'éprouvai la vérité de ce qu'avait dit Cicéron, *que les belles lettres nous consolent puissamment au fort de nos adversités.*[3] Le *Timon d'Athènes* de Shakespeare m'offrit une foule d'idées et de sentiments analogues aux miens, et je résolus, fidèle à l'art que j'ai toujours chéri, de faire passer cette pièce sur la scène française. On sait combien il est difficile d'assujettir Shakespeare à nos règles théâtrales, et surtout au goût sévère d'un auditoire parisien. C'est cependant ce que j'ai tâché de faire; je ne me suis servi d'aucune traduction; j'ai composé et dialogué à ma manière, d'après le modèle que j'avais choisi. Si l'on trouve dans mon imitation quelques ressemblances avec le *Dissipateur*,[4] c'est que Destouches avait puisé dans le poète anglais plusieurs intentions dramatiques, et comme la langue anglaise était alors presqu'inconnue aux gens de lettres, Destouches n'en avait rien dit.

Timon d'Athènes était surnommé *le haïsseur des hommes*. Ah! si quelqu'un avait le droit affreux de les haïr, ce serait peut-être celui qui aurait vécu en France depuis dix-huit mois,[5] au milieu de tant de scènes de démence et de fureurs. L'histoire en est si effroyable que si l'on ne se hâte d'en rassembler les témoignages, on la prendra dans deux cents ans pour un roman calomnieux de la nature humaine. Baissons la tête d'avance, en signe de repentir et d'humiliation devant les races futures! Des hommes de sang[a] et de ténèbres, au nom de la *République une et indivisible*[6] (comme jadis les théologiens au nom de la *Sainte*

---

[a] Ils n'étaient guères plus de trente dans l'origine.

[2] *TdA* 1799 starts with a slightly different opening sentence and an explanatory footnote: '*C'est dans les cachots de la tyrannie décemvirale, de cette* tyrannie qui a pesé sur la France entière, en opprimant ses mandataires les plus purs, les plus courageux, et les plus fidèles, *que j'ai écrit cette pièce*' (p. iii; changes emphasized). Mercier's footnote reads: 'J'ai voulu conserver cette Préface telle que je l'ai publiée au mois de Brumaire an 3, en sortant de captivité, et rentrant à la Convention Nationale' (p. iii n.). This explanation accounts for the chronological inaccuracy of the reference to 'eighteen months' in the second paragraph; Mercier's changes also correct the incomplete 'sentence fragment' that starts *TdA* 1794.

[3] Cicero, *Pro Archia Poeta*, in *Orations*, IV, trans. by N. H. Watts (Cambridge, MA: Harvard University Press, 2014), pp. 22–25 (VII. 16).

[4] *Le Dissipateur*: a 1753 comedy by Philippe Néricault Destouches (1680–1754). It is very implausible that Destouches drew from Shakespeare.

[5] *TdA* 1794: '18 mois'. *TdA* 1794 frequently gives numbers in Arabic numerals; I have spelled these out.

[6] *République une et indivisible*: This phrase was declared by the Convention on 23 September 1792.

Trinité), ont métamorphosé la sainte colère d'un grand peuple en véritable cannibalisme, ont corrompu tout à la fois, la politique, les lois, la langue et la morale; ont conspiré contre toute espèce de talents, ont proscrit jusqu'aux mots *sagesse, humanité, modération*;[b] ont transformé enfin la sublime insurrection du 14 juillet en 2 septembre, en 31 mai:[7] car ces journées-là sont absolument les mêmes. Où trouver dans les annales du monde des époques plus lamentablement désastreuses? la législation viciée par ces organes impurs, est devenue l'effroi et l'horreur de l'Europe: et qu'ont opéré toutes ces lois draconiennes et qui semblent avoir été dictées par les puissances ennemies? elles n'ont servi qu'à consolider les trônes voisins, qu'à protéger la cause des rois, qu'à reculer pour des siècles peut-être la liberté européenne, qu'à déshonorer le nom Français, si enfin la partie saine de la nation ne se fut hâtée de signaler et de proscrire les assassins de la patrie.[c]

Des holocaustes humains devant la statue de la liberté! la République et le crime! Monstres, et que ne redressiez-vous plutôt l'idole de Moloch et celle de l'affreux Theutathes?[8] La disparate eut été moins épouvantable.

Comment, après les ouvrages de Fénelon, de Mably, de Voltaire, d'Helvétius, de Condorcet, de Rousseau et de tant d'autres publicistes humains, a-t-on pu prêter l'oreille à la doctrine d'un Robespierre[d] qui voulut faire de sa politique une religion, et ériger en dogmes ses conceptions barbares» Environné de ses janissaires Jacobins, il ne sut qu'émettre des équivoques éternelles sur les mots *peuple, liberté, égalité, révolution*; jongleurs ensanglantés! c'était là *tout votre secret*, et c'est ainsi que vous avez commandé et exécuté à la fois tant de massacres inutiles, même aux progrès de vos absurdes systèmes.

---

[b] Qui l'eût pensé qu'on ferait du terme *modéré* une injure accréditée[?] Il n'est que trop vrai cependant que le sang appelle le sang; et que la politique qui consiste à le répandre, sera toujours une politique inspirée par le crime et dictée par des scélérats.

[c] Ils parlaient ouvertement de la distraction de la moitié des habitants de la France, pourvue que l'autre fut *libre*.

[d] Ce tyran sombre était d'ailleurs l'ignorance personnifiée. L'ignorance produit la cruauté et la cruauté reproduit l'ignorance. Les esprits bornés sont toujours près de tomber dans les extrêmes, il n'est presque point de scélérat qui n'ait de soi une idée supérieure. Tel était le blême dictateur, qui, pour justifier l'énormité de ses crimes, imagina un jour d'en rendre responsable l'Etre suprême. Voici quatre vers que l'on a composés sous son règne:

Des cieux et de la terre, indétrônable roi;
Nous as-tu retiré la faveur paternelle;
L'homme n'aura-t-il plus que la rage pour loi?
Ne doit-il plus mourir de sa mort naturelle?

[*TdA* 1799 attributes these verses to 'G***' (Auguste-Charles Guichard)].

[7] The three main popular insurrections of the Revolution. 14 July 1789: the storming of the Bastille prison; 2 September 1792: the start of the five-day September Massacres, in which half the prison population was killed; 31 May: the insurrection that purged the Girondins from the Convention Nationale.

[8] *Moloch*: an object of brutal veneration and bloody sacrifice in the Old Testament. *Theutathes*: Toutatis, a Celtic god worshipped in ancient Gaul.

Quand on a vu cette foule de Nérons législateurs (et qui n'avaient cependant point de trônes à perdre ni à défendre) cette phalange de bourreaux obéissants, ces horribles violations du droit naturel, civil et politique, il faut bien aimer les hommes pour les aimer encore. Je me sens quelquefois soulagé du tourment de ma sensibilité, en pensant que le ciel nous doit un Tacite,[9] qu'il nous l'accordera, sans doute, qu'il naîtra, qu'il est né peut-être, qu'il prend la plume, qu'il peindra, mais que dis-je un Tacite, non, c'est un Buffon[10] qui doit nous décrire les penchants de ces législateurs qui portent néanmoins la figure humaine; leurs caractères n'appartiennent qu'à l'histoire naturelle.

Les murs qui m'environnaient, les murs de ma prison m'ont du moins été favorables; ils m'ont caché, dérobé le spectacle des plus grands forfaits, mêlés aux plus hautes extravagances, les villes détruites comme les individus, et, ce qui est non moins douloureux à contempler, la stupeur universelle d'un grand peuple armé, et cependant percé de mille coups, à qui on avait dit: *Courbez votre tête sous le joug de la terreur, il n'y a plus de justice...* et qui hélas! avait courbé silencieusement la tête.

On pense bien qu'affecté de telles idées, le comique de ma pièce aura dû s'en ressentir. Combien il en coûte pour renoncer à la douce philanthropie! heureusement que je n'y suis pas parvenu, mais j'avoue qu'il y a quelque danger à souffrir longtemps de la faiblesse, de l'injustice et de la méchanceté des hommes, et que les misérables qui n'ont aucune vertu, nous exposent au malheur réel de perdre enfin la nôtre.[11]

---

[9] *Tacite*: Publius Cornelius Tacitus (*c.* AD 56–*c.* 120), Roman historian. His major works, the *Annals* and *Histories*, examine the reigns of early Roman emperors, including Nero.

[10] *Buffon*: Georges-Louis Leclerc, Comte de Buffon (1707–1788), highly influential French naturalist, author of the *Histoire naturelle, générale et particulière* (1749–88).

[11] *TdA* 1799 ends with the following curious final paragraph, which has little bearing on what precedes it: 'N.B. Le *Misanthrope* de Molière est inférieur au *Tartuffe* et dans le but et dans l'exécution. C'est un faux titre; mais les nuances existantes alors dans la société étaient si délicates qu'un demi-bourru était taxé de misanthropie. Ce n'était pas à Molière à frapper cette franchise de caractère. Le *Festin de Pierre* est une pièce bien inférieure au *Misanthrope*, mais il y règne une force qui me la fait chérir; il y combat l'impiété et le libertinage avec des armes tranchantes. Cette pièce est parmi nous à l'ordre du jour, et sa représentation ne pourrait être que très utile. C'est pour cela sans doute qu'on la relègue aux Boulevards.'

PERSONNAGES

TIMON, Grand Seigneur d'Athènes
LUCIDÈS,[12]
LUCULLIME,[13] } Sénateurs, faux amis de Timon[15]
SEMPHRONIDE,[14]
AUTRES SÉNATEURS
FLAVIDIAS, Intendant de Timon[16]
AMARILLA, Maîtresse de Timon[17]
ALCIBIADE, Général athénien[18]
TIMANDRA,
PHRYNIA, } Courtisanes
APÉMENTÈS, Philosophe cynique[19]
BRUTEMON,
DULCIMADE,
CAPHIS, } Esclaves des créanciers de Timon
NICOMÉDOCLE,
SPONDÉAS, versificateur[20]
PICTOMANE, Peintre[21]

---

[12] Mercier here replaces Shakespeare's often Roman-sounding names with Greek-sounding ones. Lucidès corresponds to Shakespeare's Lucius (and to the Second Lord in IV. 1–2). On two occasions (p. 86) Mercier inadvertently refers to Lucidès by the Shakespearean 'Lucius' in both the 1794 and 1799 editions; I have tacitly amended these.
[13] Sometimes spelled 'LUCULIME'; I have standardized. Shakespeare's Second Lord.
[14] Shakespeare's Sempronius.
[15] In his 'Sénateurs', Mercier conflates two semi-distinct groups in Shakespeare: the Senators and the Lords.
[16] Shakespeare's Flavius.
[17] Mercier transforms Shakespeare's First Lady (who has only a single line of dialogue) into a mysterious figure, sometimes evoked as a 'courtesan' (I. 5) and sometimes as Timon's (seemingly reluctant) mistress or the object of his affection (I. 7; III. 7). Timon's attempts to win her favour through money and gifts (via Saltidès) show how his desire to 'buy friends' extends into the romantic or sexual domain.
[18] Alcibiades (c. 450–404 BC): Athenian general, statesman, and orator.
[19] Shakespeare's Apemantus. Mercier here makes explicit Shakespeare's characterization of Apemantus as a Cynic philosopher (he is called 'cynique' in I. 2 and I. 4, and compared to Diogenes the Cynic in I. 4). Shakespeare does not use the word, but alludes to Apemantus's philosophical affiliation through the canine insults he frequently attracts; 'cynic', etymologically, means 'dog-like'. For more on the complex relationship between cynicism and misanthropy, see my *Misanthropy in the Age of Reason*, pp. 41–46; 89–90.
[20] Shakespeare's Poet.
[21] Shakespeare's Painter.

MERCIDE, \
EUPRHÊME, \
NOLIMAS,   } Créanciers de Timon
CIRCIDÈS, /
AUTRES CRÉANCIERS
EUPOLIS,[22]   \
MYRPHON,[23]   } Esclaves de Timon
DÉMOCÈDE,   /
UN VIEILLARD ATHÉNIEN
DÉPUTÉS du Sénat d'Athènes
UN ENFANT sous la figure de Cupidon
Des NYMPHES
SALTIDÈS, maître de danse
Des MUSICIENS
Des SOLDATS[24]

---

[22] Shakespeare's Flaminius.
[23] Shakespeare's Servilius.
[24] In addition to soldiers, various unnamed slaves appear in the play — for example, in I. 2, I. 3, and II. 7 — and should have been mentioned in this list of characters. Mercier corrects Shakespeare's ahistorical reference to 'servants' rather than slaves.

ACTE I.

Le théâtre représente un vaste salon magnifiquement décoré. Des lustres ornés de guirlandes pendent du plafond. Un grand nombre de sièges très riches, placés autour d'une longue table qui occupe le fond du théâtre, derrière laquelle s'élève un fauteuil couvert d'un dais. La table est garnie de tous les meubles précieux dont les Athéniens se servaient dans leurs banquets. Deux portes dans le fond de la scène communiquent à l'appartement de Timon. Deux autres sur chaque côté en indiquent la sortie.

SCÈNE I.[25]
APÉMENTÈS, *seul.*

(Ce cynique entre seul, vêtu d'une étoffe grossière, les reins ceints d'une large ceinture de cuir; la tête couverte d'un bonnet de peau d'ours; les jambes nues; les pieds dans des sandales; un bâton noueux à la main. Il considère quelque temps, d'un air hagard, la magnificence du salon, et dit ensuite avec le ton d'une humeur brutale.)

Quels apprêts somptueusement ridicules!… que de richesses corruptrices étalées avec une folle profusion!… et pour qui? ils ne tarderont point à venir, tous ces flatteurs rampant aux pieds de leur idole: ces artistes qui prostituent leurs talents: ces négociants qui vendraient leur âme avec leurs brillantes et futiles marchandises; ces magistrats qui, sous la robe sénatoriale, cachent l'âme cupide du plus infâme usurier. Voilà pourtant ceux que l'opulence de Timon accueille, dans son imbécile crédulité, comme on accueillerait des amis, s'il y en avait encore dans ce siècle… tandis qu'il avale leur fade encens comme une liqueur spiritueuse, ces adroits escrocs empochent son or, et s'emparent légalement de ses biens… *(Il se promène en silence.)* J'ai soixante ans. Je ne me souviens pas d'avoir jamais ri, mais je rirai pour la première fois de ma vie, quand je verrai Timon n'avoir plus pour logement que le tonneau de Diogène;[26] pour nourriture, que les racines de

---

[25] Like *Le Vieillard et ses trois filles*, *Timon d'Athènes* starts with an invented expository monologue. Mercier perhaps here follows La Place, whose translation (based on Thomas Shadwell's version) starts with a monologue from Timon's servant Demetrius, complaining that his master silences him whenever he attempts to warn him of his financial problems.

[26] Diogenes of Sinope (c. 412/404 BC-323 BC), one of the founders of Cynic philosophy and its most famous exponent. He made a show of shunning worldly luxuries and shocked Athenians with his uncivilized behaviour, such as living in a barrel, and urinating and masturbating in public. There is probably an anachronism here; according to Plutarch, Timon lived during the Peloponnesian War, which ended in 404 BC, around the time of Diogenes's birth.

Pythagore,[27] et pour couche que le fumier d'Irus…[28] *(Il se promène en silence.)…* Ce salon n'est à mes yeux qu'une ménagerie, où un orgueilleux propriétaire entretient avec faste des renards rusés, des singes grimaciers, des chats hypocrites, des serpents tortueux qui l'enlacent et le pressent pour sucer jusqu'à la dernière goutte de sa substance… Mais n'entends-je pas?… Oui, voilà la foule qui s'avance. Ce torrent va déborder dans ce magnifique salon, et dans leurs basses flatteries encenser celui qu'ils feignent de regarder comme la Divinité. Alors, Apémentès: voici un de tes plus beaux jours! jouis du seul plaisir dont ton âme soit susceptible, celui de montrer à nu des hommes dont Timon ne voit que les masques.

Il va s'asseoir sur la marche d'une des portes. Il s'appuie, sur son bâton, après s'être enveloppé de son manteau.

SCÈNE II.[29]

APÉMENTÈS, SPONDÉAS, PICTOMANE, LUCIDÈS, LUCULLIME, SEMPHRONIDE, et d'autres personnages de différents états.

Ils descendent les marches des portes du salon, se reconnaissent, s'asseyent ou se promènent et forment entre eux une pantomime[30] *au fond du théâtre, tandis que Spondéas et Pictomane occupent le bord de la scène.*

PICTOMANE *un tableau sous le bras.*

Salut à Spondéas, l'Homère de nos jours!

APÉMENTÈS.

Il n'y croit pas; mais l'autre est assez vain pour y croire.

SPONDÉAS, *à Pictomane.*

Salut à Pictomane, le modèle des peintres de Grèce, lui qui redonne la vie aux héros.

---

[27] Pythagoras (*c.* 570–*c.* 495 BC), Greek philosopher and mathematician, known in Mercier's day for advocating a strictly vegetarian diet.
[28] *Irus*: presumably the beggar who insults the disguised Odysseus towards the end of the *Odyssey* (book XVIII), although it is not specified that he sleeps in manure, as Apémentès here implies.
[29] This scene is largely based on *ToA*, I. 1. 1–96; the presence of Apémentès is Mercier's addition, and allows him to bring in elements of *ToA*, I. 1. 218–31.
[30] Eighteenth-century French playwrights had been attentive to the dramatic power of silent mimed scenes or 'pantomime' at least since Diderot recommended 'pantomime' in chapter XXI of his *De la poésie dramatique*.

APÉMENTÈS.

La Grèce est bien à plaindre, si elle n'a des tableaux que de ta façon.

SPONDÉAS.

Courage, Apémentès! tu n'imites pas mal l'ours qui, à l'entrée de sa tanière, fait la grimace aux passants.[31]

APÉMENTÈS.

Sans les fades panégyriques, tu n'aurais point ici d'auberge ni de place dans le char de Timon... Vous le fuiriez s'il était pauvre, comme je vous fuirais si j'étais Timon.

PICTOMANE, à Spondéas.

Laissons-le... Quand votre[32] poème paraît-il au grand jour? l'univers l'attend...

SPONDÉAS.

Quand on chérit la perfection... Vous entendez. Et votre tableau?

PICTOMANE.

Il n'est pas fini.

SPONDÉAS.

Difficile à vous-même; ce que j'en ai vu me paraît admirable.

PICTOMANE.

Le peintre qui vise à l'immortalité... Vous comprenez...

SPONDÉAS.

Oui, nous sommes peut-être les seuls qui travaillons réellement pour les races futures, en véritables amants de la postérité...

---

[31] In Mercier's day, misanthropes and loners were frequently compared to bears; Jean-Jacques Rousseau alludes more than once to his reputation as 'un misanthrope, un animal farouche, un ours' (*Les Confessions*, in *Œuvres complètes*, ed. by Bernard Gagnebin and Marcel Raymond, 5 vols (Paris: Gallimard, 1959–95), I (1959), pp. 1–656 (p. 536). Apémentès is later called an 'ours intraitable' by Lucullus (I. 5).

[32] Note how Spondéas and Pictomane address each other using the polite *vous* form, while Apémentès's distinct 'outsider' status is flagged up through use of *tutoiement*. When used reciprocally, as here, *tutoiement* can variously imply familiarity, contempt, or even — given Mercier's historical context — a Revolutionary disdain for social hierarchies.

APÉMENTÈS, *à part.*

Oh! combien elle sera ingrate, cette postérité...

PICTOMANE, *s'éloignant.*

Il nous poursuit, ce cynique...

SPONDÉAS.

Je ne m'arrête point aux petits détails... Mon burin toujours audacieux se donne carrière sur la cire de mes tablettes... Ma veine est intarissable, et ma verve, qui, comme l'aigle, prend l'essor, vole et s'élève toujours sans laisser d'autres traces...

PICTOMANE.

Que le dépit des rivaux... C'est l'encens du génie.

SPONDÉAS.

Ah! Vous le respirez aussi à votre tour... Convenez...

PICTOMANE.

Si tout le monde avait vos yeux!

SPONDÉAS.

Si tout le monde avait comme vous l'oreille sensible!...
    Je vais vous confier ce que j'ai fait pour Timon. Mais... et vous, Pictomane, que cachez-vous là? un secret pour moi... Ah! c'est une de ces merveilles qui échappent à votre pinceau.

APÉMENTÈS, *à part.*

Comme ils se caressent, comme ils s'adulent! mais la main au plat ils se déchireront!

PICTOMANE, *à Spondéas, avec une froideur forcée.*

Vous voulez voir... Absolument?... Ce n'est encore qu'une faible ébauche, que dans un moment d'inspiration...

SPONDÉAS, *vivement.*

Voyons, voyons. Il me tarde déjà de rendre hommage... *(Considérant le tableau.)* Oh! c'est bien là que respire le feu de la peinture!... Vous n'avez pas votre égal... Oui, j'en jure ici par le dieu des arts, dont vous êtes l'enfant gâté, je ne sais, dans ce tableau, ce qui vaut le mieux, de l'ensemble ou du détail.[33]

---

[33] Shakespeare's Poet also flatters his companion's paining: 'It tutors nature' (*ToA*, I. 1. 38).

APÉMENTÈS, *brusquement.*

Autant l'un que l'autre.

PICTOMANE, *avec un orgueil froid.*

Vous ne le croiriez peut-être pas? eh bien, je vous proteste que j'ai fait cet ouvrage d'un trait… D'un trait, il ne m'a pas plus coûté.

APÉMENTÈS, *encore brusquement.*

Aussi vaut-il ce qu'il t'a coûté.

SPONDÉAS, *montrant la foule des personnages qui s'entretiennent, à voix basse, dans les différents endroits du salon.*

Vous voyez ce concours, ces flots de courtisans qui viennent inonder chaque jour son palais? moi, dans mon poème, j'ai peint cet homme, à qui l'univers prodigue des hommages bien mérités. La scène est vaste; suivez-moi un peu.[34]

PICTOMANE, *demi-distrait.*

Je vous suis.

SPONDÉAS.

Parti du sommet du Parnasse, pour atteindre celui de l'Olympe, mon œil découvre dans une immensité profonde, un être unique dans l'univers, le généreux Timon, qui comme le soleil répand aussi ses rayons qui fertilisent les terrains les plus arides.

APÉMENTÈS.

Comme toi et lui par exemple… Tous deux ci-devant affamés…

SPONDÉAS.

Et dont la bénigne influence… Embrassez-vous mon plan?…

PICTOMANE, *distrait par ennui.*

Je ne perds pas un mot…

SPONDÉAS, *avec chaleur.*[35]

Tous les rangs, tous les arts, tous les caractères graves ou frivoles, sérieux ou bouffons s'empressent à l'envi de venir déposer aux pieds de Timon, leurs divers talents, et vous voyez tous les jours, que l'or qu'il répand, attire dans son palais,

---

[34] Cf. *ToA*, I. 1. 43–51.
[35] Cf. *ToA*, I. 1. 54–63.

jusqu'à la médiocrité… Il faut s'y trouver… Depuis le souple flatteur, dont le visage réfléchit celui de son protecteur, jusqu'à ce farouche Apémentès qui génuflexie[36] aussi devant Timon, et dont l'orgueil sauvage ne manque pas d'une sorte d'adresse.

PICTOMANE.

Hélas! oui.

SPONDÉAS.

Il faut y rencontrer ces gens étrangers au portique, au Lycée, depuis le chansonnier…

APÉMENTÈS, *faisant un mouvement pour se lever du seuil de la porte, où il est assis.*

Impudent menteur! je ne sais qui[37] m'empêche que je ne te fasse courber ton dos servile sous cet instructif bâton… Toi, poète!… Un futile et éternel arrangeur de mots; va, tu n'es qu'un usurpateur de ce beau titre.

SPONDÉAS.[38]

Abandonnons cet homme sans goût; que le génie a à souffrir dans ce siècle! Redoublez d'attention. J'ai peint dans mon poème, un trône exhaussé sur la cime d'une haute colline… Vous souriez… Bon!… Un moment! Sur ce trône resplendissant, la Fortune est assise. La base de la montagne est couverte par étage de talents, dans tous les genres, qui se déploient autour de l'enceinte pour arriver à la fortune. Au milieu de cette multitude dont tous les regards sont fixés sur la souveraineté de la montagne, je représente un personnage sous la figure de Timon. La Déesse, de sa main d'albâtre, fait signe au personnage d'avancer. Il monte vers le trône. La Déesse verse aussitôt sur lui ses dons les plus précieux, et soudain change toute la foule de ses rivaux en esclaves qui rampent à ses pieds.

APÉMENTÈS *à Spondéas.*

Voilà le seul trait de vérité qui se trouve dans ton poème, et je n'en suis pas surpris; tu en as trouvé le modèle dans la bassesse de ton âme.

SPONDÉAS, *à Pictomane.*

Maintenant… Là… Sans flatterie, car, vous le savez, je la déteste… Ne trouvez-vous pas ce trait de génie…?

---

[36] *Sic.* The verb 'génuflexier' appears to be Mercier's invention, the usual phrase being 'faire une génuflexion'.
[37] *Qui*: sometimes used, as here, for 'ce qui'.
[38] Cf. *ToA*, I. 1. 65–73.

PICTOMANE, *ironiquement*.³⁹

Sublime!... Oui, ce trône, cette montagne, ce personnage qui monte sur la colline, cette Déesse, dont la main d'albâtre... je vous le répète, sublime! prodigieux...

APÉMENTÈS.

Oh! qu'ils sont bien faits l'un pour l'autre... Tous deux nés sans jugement; ils n'aiment que l'emphase, les grands mots, et ils affectent de mépriser ce qui est ordinaire et dans la nature.

PICTOMANE.

Sans vouloir vous aduler... Je ne conçois pas comment on s'élève à ce degré...

SPONDÉAS, *dans le ravissement*.

Vous voulez parler de l'invention; ce n'est rien l'invention; mais je ne vous ai encore rien dit du style des vers... J'avoue que j'estime ceux d'Homère, mais de grands seigneurs d'Athènes, dont j'ai souvent fait l'éloge dans mes écrits, m'ont quelquefois protesté dans leurs festins, où ils m'invitaient, que les miens...

APÉMENTÈS.

Comment, n'as-tu⁴⁰ pas vu qu'ils étaient ivres de vin et toi d'orgueil?

On entend des fanfares; un grand nombre d'esclaves entrent et déposent sur la table, des vases, des corbeilles, des flambeaux, des cassolettes pleines de parfums, etc., etc. Tous les personnages se hâtent de se lever, excepté Apémentès, qui dit:

Spondéas, voilà le soleil à qui, dans le moment,⁴¹ tu comparais Timon. Vois comme sa chaleur fait remuer *(il indique les personnages de la scène)* tous ces insectes qui croupissaient dans la fange...

---

³⁹ Like Shakespeare's Painter, Mercier's Pictomane feels a certain professional rivalry with his companion, but whereas Shakespeare's Painter rejects the Poet's conceit as 'common' (*ToA*, I. 1. 91), Pictomane feigns amazement. For all his cynical acuity, Apémentès seems not to register Pictomane's sarcasm.
⁴⁰ *TdA* 1794: 'n'a tu'.
⁴¹ *Dans le moment*: clearly means 'a moment ago' here, although this usage is not attested by the Académie Française, which only gives the phrase a future sense, as in '*Je reviens dans le moment*' (AF 1798).

SCÈNE III.[42]

LES MÊMES. TIMON. UN ESCLAVE DE VENTIDIAQUE.

Timon, couvert de vêtements de la plus grande magnificence,[43] *salue d'un air caressant tous ceux qui sont de ce salon. Ceux-ci s'inclinent d'un air bassement respectueux. La musique cesse.*

TIMON, *à l'esclave.*

Ce cher Ventidiaque! il est emprisonné!

L'ESCLAVE.

Oui, mon noble seigneur. Dix talents forment toute la somme de sa dette; mais dans ce moment, il est sans la moindre ressource; ses créanciers sont inexorables. Il ose espérer que votre amitié pour lui voudra bien s'intéresser en sa faveur, auprès de ceux qui ont eu la cruauté de le jeter dans une prison. Sans vous, mon généreux seigneur, il n'a plus d'espoir.

TIMON.

Un ami malheureux ne m'en devient que plus cher. Il m'aime, je n'en doute pas.

L'ESCLAVE.

Ho! pour cela, c'est ce dont il me donne cent preuves par jour. Si vous saviez avec quelle effusion de cœur il me parle de vous. *(À part.)* S'il allait soupçonner que tout ceci n'est qu'une feinte.[44] *(Haut.)* Daignez lui rendre sa liberté; ce bienfait l'attachera à vous pour jamais.

TIMON, *donnant une bourse à l'esclave.*

Tenez; portez-lui ce faible gage de mon amitié.

L'ESCLAVE.

C'est un cœur que vous vous attachez pour jamais.

---

[42] Mercier's scenes I. 3–5 correspond broadly to *ToA*, I. 1. 97–261. In *ToA*, Timon speaks in turn with Ventidius's messenger; the Old Athenian and Lucilius; the Poet, Painter, Jeweller, Merchant, and Apemantus (who arrives mid-scene); and Alcibiades. In Mercier, Timon speaks to Ventidiaque's slave and then Apémentès (I. 3); the old man (I. 4); and the Jeweller, Spondéas, and Pictomane (I. 4–5); Alcibiade does not appear at Timon's dinner.
[43] Over the course of the play, Timon's clothing will reflect his psychological and moral decline from luxury (act I), through disorder (act III), to destitution (act V). Note too that Mercier also imagines the early Timon as handsome (an Athenian 'Adonis', V. 2).
[44] Such asides are all but absent from Shakespeare, who tends to use Apemantus to puncture the falsity of Timon's guests.

TIMON.

Qu'il soit libre dans un moment, et qu'il vienne voir lui-même tout le plaisir que j'éprouve. En lui rendant ce léger service, je prendrai le moyen d'empêcher qu'il ne subisse une seconde fois le même sort. Ce n'est pas assez selon moi, de relever l'infortuné qu'un coup du sort vient de renverser, il faut encore le soutenir après sa chute, et lui procurer le moyen de n'en plus faire une semblable.

L'ESCLAVE, *s'inclinant profondément.*

Seigneur! croyez que toute sa vie sera consacrée à la plus vive reconnaissance...

TIMON.

De la reconnaissance!... Je l'en dispense. Qu'il s'acquitte, qu'il paye, et moi je veux qu'on me doive toujours... partez, hâtez-vous de secourir votre maître.

L'esclave sort.

TIMON, *s'adressant aux autres personnages qui l'entourent, continue.*

Notre divin Théophraste[45] a fait un chapitre sur les ingrats, il faut qu'il en fasse un sur les bienfaiteurs: sans doute, il nous prouvera, et je le sens, mes amis! que c'est moins un mérite qu'un devoir, et même un bonheur de l'être.

Tous les personnages témoignent par leurs gestes l'admiration qu'ils feignent d'avoir pour ce que Timon vient de dire.

APÉMENTÈS, *parodiant Timon.*

Le divin Théophraste a fait un chapitre sur les flatteurs. Il faut qu'il en fasse un sur ceux qui en sont la dupe... Il ne manquera pas, sans doute, de nous prouver, et je le sens, que c'est moins un mérite, qu'une sottise de l'être.

TIMON, *à Apémentès.*

Je vous salue, inexorable Apémentès! les philosophes combattent contre les vices, ou contre ce qu'il leur plaît quelquefois de nommer ainsi; s'il était d'usage de donner à chacun d'eux, comme à nos soldats, un nom caractéristique, on appellerait Apémentès *sans quartier.*

---

[45] Theophrastus (*c.* 371–*c.* 287 BC): Greek philosopher, author of (among other things) the *Characters*, later translated by Jean de La Bruyère as the preface to his own *Les Caractères* (1688). One of his 'characters' (the 'esprit chagrin' in La Bruyère's version) does display ingratitude, although of a querulous and ill-tempered kind. Another chapter is devoted to flattery, as Apémentès shortly suggests. The allusions to Theophrastus here, like much of the interaction between Timon and Apémentès, are Mercier's additions.

APÉMENTÈS.

Et Apémentès se fera toujours gloire de mériter ce nom.

TIMON.

Tu es trop sauvage… Tu as pris là une humeur qui ne sied pas à l'homme. Sois cependant ici le bienvenu.

APÉMENTÈS.

Non, je ne veux pas, moi, être le bienvenu chez toi! je viens pour que tu me chasses; car je prétends me moquer aujourd'hui de toi et de tes courtisans.

TIMON.

Je ne sais pas être le maître dans ma maison. Je t'en conjure, reste; et que mon dîner me vaille ton silence.

APÉMENTÈS.[46]

Je méprise ton dîner… il m'étouffera avant que je ne te flatte… Ô Dieux! quelle[47] foule de parasites dévorent Timon, et il ne le voit pas! je souffre de voir tant de bouches affamées boire le sang d'un seul homme; et le comble de la folie, c'est qu'il ne les en caresse[48] que davantage.

TIMON.

On dit, mes amis, que la colère est une courte fureur; mais cet homme *(montrant Apémentès)* est toujours en colère…[49]

SPONDÉAS, *s'inclinant.*

Auprès de vous, je puis tout endurer.

TIMON, *parlant à Apémentès.*

Allons, qu'on lui dresse une table pour lui seul.

---

[46] Cf. *ToA*, I. 39–42. The cannibalistic imagery comes from Shakespeare. Although Apémentès' talk of 'parasites' might seem to allude back to his comparison of the guests to insects (I. 2), in Mercier's day, the term 'parasite' had not yet acquired the primarily biological sense it has today; it still referred to people adept at acquiring free meals from others.
[47] Original: 'qu'elle'.
[48] Original: 'caressent'.
[49] 'They say, my lords, *ira furor brevis est*, | But yon man is ever angry' (*ToA*, I. 2. 28–29).

SCÈNE IV.[50]

LES MÊMES. UN VIEILLARD ATHÉNIEN.

LE VIEILLARD, *à Timon.*

Seigneur! je viens vous supplier d'employer l'autorité que votre rang, votre opulence et vos vertus vous donnent dans le Sénat, pour qu'il interdise, sous les peines les plus sévères, l'entrée de ma maison à Dulimas.

TIMON, *au vieillard.*

Quel est ce Dulimas?

LE VIEILLARD.

C'est un jeune artiste, dont la fortune jusqu'à présent n'a point récompensé le mérite. Elle m'a traité plus équitablement. Je suis riche, moi, et je ne veux pas que ce Dulimas, qui n'a pas en propriété le quart d'un talent, veuille malgré moi épouser ma fille qui est unique, et qui... le plus tard que je pourrai cependant, doit jouir un jour de tout ce que je possède.

TIMON, *au vieillard.*

Ce jeune artiste est-il honnête?

LE VIEILLARD.

Oh! à cet égard, j'en conviens; l'honnêteté de ses mœurs devrait servir de modèle à tous les gens de son âge. C'est une justice que je lui rends volontiers, ainsi qu'aux agréments d'une figure qui a séduit ma fille; mais que m'importe à moi tout cela? n'est-ce pas l'argent qui avant tout...

TIMON.

De la jeunesse! de la figure, du talent et des mœurs... Votre fille l'aime sans doute?

LE VIEILLARD.

Elle est jeune, et tout plaît à cet âge; alors on se laisse facilement séduire; or, c'est à moi d'empêcher que... Si elle l'épouse malgré moi, je jure par le Ciel, que j'irai plutôt chercher un héritier dans la foule courante des mendiants, que de lui laisser mon bien.

---

[50] Cf. *ToA*, I. 1. 113–55. In Shakespeare, the young man under discussion is not an artist, but a servant; Mercier's change helps motivate Flavidias' later suggestion that the Senate resents Timon's sponsorship of artists (III. 6).

TIMON.

Dites-moi: quelle sera la dot de votre fille, si elle épouse un homme qui lui convienne?

LE VIEILLARD.

Sa dot?... mais... il faudra bien que je fasse un effort... Je lui donnerai cinq talents le jour de ses noces... et... tout le reste, il faudra bien aussi qu'il lui appartienne un autre jour.

TIMON.

Vous n'avez donc pas d'autres motifs pour refuser la main de votre fille à cet honnête artiste, à qui elle a déjà donné son cœur, que le défaut de fortune? Hé bien, je me plais, moi, à venger le mérite des caprices du sort. Donnez votre fille à Dulimas. Ce que vous avancerez pour sa dot sera la mesure de celle que je donnerai à son époux. Je tiendrai la balance entre elle et lui.

LE VIEILLARD, *à part.*

Je le tiens. Je voulais que ma fille épousât Dulimas, mais qu'il fût riche, et il le sera. *(Haut.)* Seigneur! je vois combien vous méritez la réputation d'être l'homme le plus généreux de la Grèce, et de faire la conquête de tous les cœurs. Donnez-moi votre parole, et je donne ma jolie enfant à Dulimas.

TIMON, *avec joie.*

Voilà ma main; vieillard, donnez-moi la vôtre, et que leur étreinte soit le garant sacré du serment que je vous fais de remplir ma promesse ce jour même.

LE VIEILLARD.

La voilà... maintenant, je vous l'avoue; il m'en coûtait un peu pour séparer ces deux tourtereaux. Hélas! depuis quelque temps, ils ne battaient plus que d'une aile. Oh! comme ils vont recommencer leurs tendres roucoulements! adieu noble Timon! je vais trouver votre intendant.

SPONDÉAS, *d'un ton chagrin.*

Toutes ses paroles sont des dons.[51]

---

[51] In both *TdA* 1794 and 1799, these words read as a continuation of the Old Man's speech, which ends '*(Spondéas d'un ton chagrin.)* Toutes ses paroles sont des dons'. I have corrected this by making it a new reply from Spondéas. Alternatively, if we imagine the word 'à' as missing from the start of the stage direction, it might be that the Old Man is speaking to Spondéas, albeit in an incongruously 'chagrined' tone.

TIMON.

Allez. *(À un jouailler.)* Voyons... je veux du rare...

LE JOUAILLER.

Voici un diamant, qui ne peut, certes, orner que le doigt du seigneur Timon.

TIMON.

Ami, votre bijou a souffert du rabais.[52]

LE JOUAILLER.

Comment, Seigneur? du rabais?

TIMON.

Oui, à force d'être prisé; si je vous le payais tout le prix qu'on l'estime, je serais tout à fait ruiné... je le prendrai.

SCÈNE V.

LES MÊMES.[53]

SPONDÉAS, *à Timon en lui présentant des tablettes.*

L'influence de l'astre qui préside à notre naissance sera-t-elle assez heureuse, pour que le seigneur Timon daigne agréer l'hommage d'un poème, que je n'ai entrepris, que dans la glorieuse espérance de plaire à un homme, qui, au mérite de protéger les grands talents, joint celui bien plus rare, de savoir les apprécier.

TIMON.

Je vous remercie, Spondéas; mais ma reconnaissance ne se bornera pas à un remerciement stérile. En attendant que j'aie le loisir de me livrer au plaisir de lire votre ouvrage, assistez à la petite fête que je vais donner à mes amis. *(Spondéas salue profondément et se retire dans le fond du salon.)*

TIMON *s'adressant à Pictomane.*

Et vous mon ami, que tenez-vous là?

---

[52] Cf. *ToA*, I. 1. 168–72.
[53] Although there is no direct textual evidence that he leaves here, the Jeweller's departure is the most plausible explanation for shift from one scene to the next. His unannounced departure is perhaps curious, since Mercier also gives no indication that Timon pays him for the jewel. The following scene brings in elements of *ToA*, I. 1. and esp. I. 2.

PICTOMANE, *s'inclinant.*

C'est un tableau, dans lequel j'ai feint que la bonté opulente secourait le mérite indigent...

TIMON.

Vous avez feint! j'aurai soin que cette fiction devienne pour vous une réalité. *(À Apémentès.)* Comment trouves-tu ce portrait, que je crois reconnaître...

APÉMENTÈS.

Très bon, car il n'a pas fait de mal, lui!

TIMON, *souriant.*

Fais donc aimer la vertu, ne la rends point farouche.

APÉMENTÈS.

Il faut qu'elle soit ainsi, et non autrement.

PICTOMANE.

Le cynique animal!

TIMON, *s'adressant à tous les personnages.*

Mes amis! mes dignes amis! qu'il m'est doux de vous voir ici réunis, pour augmenter le charme du banquet! *(À Saltidès.)* C'est un peu votre faute, vous, si la jeune Amarilla dont vous vous étiez chargé de me procurer chez elle un entretien, ne s'est pas rendue aux offres que vous m'avez dit lui avoir faites. Que ne proposiez-vous le double, le triple du prix de la complaisance? craigniez-vous d'épuiser ma bourse? et dans ce cas ne me resterait-il pas celle de mes amis? je souris quelquefois, en pensant, que pour être tout à fait riche, il faudra que je sois ruiné.

SALTIDÈS.

Vous verrez bientôt, Seigneur, que, si je commets des fautes, j'ai du moins le talent de les réparer.

TIMON *fait le tour du salon, saluant l'un des personnages, prenant la main d'un autre, adressant quelques mots obligeants à un troisième, etc., etc.*

TIMON, *à Lucidès.*

Hé bien, sénateur, la santé? encore un peu pâle, je le conçois; les jours d'orateur, les nuits orageuses... les discussions bruyantes.

APÉMENTÈS.

Vous le plaignez; il serait bien fâché de ne pas vociférer à tort et à travers; ses poumons font son éloquence; il fatigue de paroles ceux qu'il ne peut convaincre.

TIMON, *à un autre.*

Bonjour, grand prêtre; vous qui avez créé Jupiter, en lui faisant la grâce de le reconnaître.

APÉMENTÈS.

Grand prêtre! dis grand sacrificateur, car nul autre que lui ne chérit d'avantage l'odeur des victimes.

TIMON, *montrant Apémentès.*

Mes amis, voilà Diogène ressuscité.

APÉMENTÈS.

Soit. Mais aucun[54] de vous autres ne me fera souffler ma lanterne.[55]

TIMON.

Hé, que ferais-tu, si tu étais grand seigneur?[56]

APÉMENTÈS.

Ce que je fais à présent; je haïrais un grand seigneur de toute mon âme.

TIMON.

Quoi! toi-même?

APÉMENTÈS.

Oui.

TIMON.

Pourquoi?

APÉMENTÈS.

Pour avoir formé le sot désir d'être un grand seigneur.

---

[54] *TdA* 1794: 'aucuns'.
[55] *Lanterne.* Apémentès is alluding to a famous anecdote in which Diogenes wandered the streets of Athens bearing a lantern in full daylight, claiming to be looking for 'a man' — in other words, a true or honest man. The implication here is that none of Timon's guests would give Apémentès cause to give up his search.
[56] Cf. *ToA*, I. 1. 231–39.

TIMON.

Apémentès, pour la seconde fois, veux-tu venir manger avec moi?

APÉMENTÈS.

Non, je ne mange point[57] les grands seigneurs…

TIMON.

Je sais que mon banquet vaut peu; mais…

APÉMENTÈS.

Je sais qu'il ne vaut pas une de mes pensées.

SEMPHRONIDE, *faisant le flatteur.*

Athéniens! nous perdons ici un temps précieux, cet homme est en tout l'opposé de l'humanité.[58] *(À Apémentès.)* Quoi? Sérieusement, tu renonces à la fête que donne Timon?

APÉMENTÈS.

Tous mes jours sont des jours de fête, quand je puis me moquer de vous autres. J'irais là, moi, pour y voir les viandes gorger des fripons, et le vin échauffer des insensés?[59]

LUCULLUS.

C'est un ours intraitable. Entrons et prenons notre part des générosités de Timon. Je soutiendrai, moi, dans toute la Grèce, que la Bonté même n'a pas un cœur égal au sien.

LUCIDÈS.

Son inépuisable bienfaisance se répand sur tout ce qui l'environne.

LUCULLUS.

Il porte l'âme la plus noble, qui jamais ait inspiré un mortel.

LUCIDÈS.

Puisse-t-il vivre un siècle dans la prospérité.

---

[57] *TdA* 1799 adds the word 'avec' here, thus spoiling the cannibalistic imagery already present in Shakespeare: 'Wilt dine with me, Apemantus? — No, I eat not lords' (*ToA*, I. 1. 206-07).
[58] First Lord: 'He's opposite to humanity' (*ToA*, I. 1. 280).
[59] In Shakespeare, Apemantus uses the same reasoning to explain to the First Lord why he *will* dine with Timon: 'to see meat fill knaves and wine heat fools' (I. 1. 268-69).

TIMON, *avec modestie.*

Mes amis! épargnez-moi des éloges que je mérite si peu. Songez que je suis bien plus égoïste que vous ne croyez, puisqu'en cherchant à faire plaisir à tout le monde, c'est à moi-même que je cherche à en faire. Eh! puis, quelle vertu trouvez-vous en moi, quand je suis un penchant avec lequel je suis né? cessez donc de faire un mérite à la rose du parfum qu'elle répand, et qu'elle ne s'est point donné.

PICTOMANE, *avec emphase.*

Athéniens, voilà le sujet du tableau que je veux déposer au lieu le plus apparent du Lycée.

SPONDÉAS.

Athéniens, écoutez, c'est moi surtout qui dispense la gloire, celle qui est immortelle. Mes vers seront plus durables que la pierre et l'airain; je grave le nom du noble Timon, sur la plus haute colonne du temple de l'immortalité....

APÉMENTÈS.

Courage! courage, souples adulateurs; dardez toutes vos flatteries à la fois; criblez[60] en ce bon et crédule homme, qui, dans peu, mais trop tard, sentira vos morsures venimeuses, quand il sortira de la confiance où il sommeille.

TIMON, *avec allégresse.*

Mes amis! vous que mon cœur appelle de ce nom sacré, avec un si doux attendrissement, vous dans qui je semble jouir d'une nouvelle existence. Allons, prenez vos places, et que les plaisirs s'asseyent à vos côtés!

SALTIDÈS, *montrant le siège le plus décoré du fond, dit:*

Vous, Timon, mettez-vous à leur tête.

Saltidès se tournant ensuite vers le fond du salon, se frappe dans la main, et pendant que le banquet commence, on entend l'exécution de quelques symphonies. Apémentès, qui s'était levé dans le dialogue précédent, va se rasseoir sur la marche d'une des parties du salon, tire de sa poche un morceau de pain, un flacon d'eau, et fait son repas d'un air farouche. Timon fait un signe pour que la musique cesse, et Saltidès, en se frappant dans la main, la fait cesser.

TIMON, *une coupe à la main.*

Allons, mes amis, que les santés que nous allons nous porter ne forment autour de nous qu'un cercle tracé par la main du Dieu de la treille et de la joie... Buvons.

---

[60] *Criblez*: a curious word choice, especially in conjunction with the preposition 'en'.

Des esclaves portent des cruches antiques, remplissent les coupes que leur tendent tous les convives, qui s'écrient: Vive Timon!... Qu'il soit honoré et qu'il vive!... Qu'il il soit riche, et qu'il vive!... Qu'il soit aimé comme nous l'aimions, et qu'il vive!

TOUS LES CONVIVES.

À la santé de Timon![61]

APÉMENTÈS, *buvant un verre d'eau.*[62]

Voici pour moi une liqueur dont la faiblesse assure la salubre innocence. Eau pure et amie de la vertu, tu n'as jamais renversé l'homme dans la fange! *(Montrant son pain.)* Et cet aliment simple, il m'empêche de perdre la santé, tandis que l'autre m'interdit la faculté *(montrant son flacon)* de perdre la raison. Remercions les dieux que l'on oublie dans l'appareil des festins.

Les convives, dont on continue de remplir les coupes, s'échauffent par degrés. Un bruit confus s'élève: on n'entend plus que quelques phrases interrompues par des éclats de rire.

APÉMENTÈS.

Le tumulte qui préside aux banquets fastueux, où les biens les plus rares de la nature, sont plutôt profanés que sentis, me fera de plus eu plus chérir la tempérance. C'est une fine volupté que la tempérance. *(Il se lève, se met à genoux, et dit:*[63]*)* Dieux immortels! je vous rends grâce une seconde fois de vos bienfaits, et sans en désirer de plus grands: je ne vous demande ni dignités, ni richesses; je dédaigne les unes, et n'ai pas besoin des autres. Accordez-moi seulement de ne devenir jamais assez insensé pour me fier à un homme, même sur son serment; à la fidélité d'une femme, même sur ses larmes, à la tendresse de ce qu'on appelle des amis, même, quand ils auraient besoin de moi. Le crime est pour le riche, et moi je vis de racines; mais aussi le pauvre placé au bas de la montagne a vu plus d'une fois l'opulent du sommet, renversé tête en bas et pieds en haut...[64]

---

[61] TdA 1794 and 1799 both run this speech on to the end of the stage direction: '*Tous les convives; à la santé de Timon*'. I have amended for the sake of legibility.

[62] Cf. Apemantus's praise of 'honest water' (*ToA*, I. 2. 58–59).

[63] Cf. Apemantus's grace (*ToA*, I. 2. 62–72).

[64] For a second time (see I. 1) Apémentès anticipates Timon's fate, although this time he seems to warn against it rather than savour it in advance. His imagery picks up on and reworks Pictomane's allegory of Timon taking pride of place on Fortune's mountain (I. 2). Apémentès' image of a rich man's downfall here would surely have had resonances for an audience during the French Revolution, although he presents the poor here only as onlookers rather than as participants in this downfall.

Après cette prière, Apémentès se lève, et va se rasseoir à la place qu'il a choisie.

LUCULLIME *à Timon, avec effusion feinte.*

Ah! Seigneur! si jamais j'étais assez heureux pour que… *(il se frappe la poitrine)*… vous missiez ce cœur à l'épreuve! si jamais vous me fournissiez[65] l'occasion que je brûle de trouver, c'est-à-dire, de vous montrer dans toute sa force, la tendre, la vive, l'éternelle amitié que votre mérite m'inspire!… oui, je jure, qu'en actions de grâces, j'offrirais un hécatombe sur les autels des dieux!

SEMPHRONIDE, *gravement.*

Lucullime! je suis fort mécontent de vous; car voilà une pensée que vous me volez; j'allais précisément dire la même chose.

LUCIDÈS, *plus gravement encore.*

Consolez-vous, Semphronide. Cette pensée, il nous l'a volée à tous; oui, à tous, n'est-il[66] pas vrai que nous avions tous la même pensée?

Une foule de voix s'élève, au milieu des battements de mains et des autres signes de l'adulation.

C'est vrai… Vrai!… Oh vrai!… Très vrai!…

LUCULLIME, *prenant une coupe qu'il fait remplir.*

Allons, que de nouvelles santés soient autant de libations répandues dans ce salon, qui désormais sera le temple de l'amitié…

LUCIDÈS.

Et Timon en sera la divinité!

SPONDÉAS, *avec fatuité.*

Quoique je puisse avouer, sans orgueil, que je possède un degré assez éminent, le génie de l'expression et ce pour ne point m'abaisser jusqu'à emprunter le style d'autrui, je veux bien répéter ici ce que vous avez dit; ce sacrifice de mon amour-propre est dû, je l'avoue, aux bienfaits dont nous honore tous le généreux Timon.

PICTOMANE.

Moi, je déclare que je me sépare de vos paroles, mais pour employer mes pinceaux, afin de transmettre à la dernière postérité le tableau de la noble fête que nous donne celui qui en est le héros… Crayons d'Apelle![67] vous tomberez un jour devant les miens; et c'est à Timon que je devrai mon triomphe!

---

[65] *TdA* 1794 and 1799 give 'fournissez'.
[66] *TdA* 1794: 'n'est-t'il'.
[67] *Apelle*: Apelles of Kos (4th century BC), a renowned painter.

APÉMENTÈS, *à part.*

Le malheureux Timon! il prête une oreille indulgente à ces flagorneurs… Il oublie que quand un intérêt mercenaire nous a fait prostituer la louange, c'est une tache ineffaçable qui flétrit la gloire et le charme des beaux-arts… En vérité, plus j'observe ici, plus je vois que presque toute la race humaine n'est qu'une troupe de singes dressés aux grimaces, et ces singes deviennent des tigres.[68]

SEMPHRONIDE, *d'un air pénétré.*

Mon cher Timon!… Je souhaite du fond de l'âme (et j'en jure par Minerve!) la continuation des prospérités, que vous méritez si bien, par l'usage sublime que vous en faites. Cependant… Je vous avouerai… que je me suis quelquefois surpris le désir secret d'en voir le cours suspendu, pour que vous, Timon! qui connaissez l'autorité suprême que le Sénat croit ne pouvoir pas me refuser, vous vissiez alors avec quel dévouement passionné, avec quel zèle brûlant, j'emploierais cette autorité à vous faire remonter sur le trône de la bienfaisance, que vous occupez si dignement, et dont un caprice du sort vous aurait fait descendre, si…

TIMON, *avec la plus affectueuse sensibilité.*[69]

Ô mes bons, mes sincères amis! Ah! ne doutez pas que les dieux n'aient eux-mêmes réservé dans l'avenir un jour, où j'aurai besoin de votre secours. Eh! pourquoi vous auraient-ils choisis, entre mille autres, si vous n'étiez pas nés pour appartenir de plus près à ce cœur qui vous aime?… Oui; je me suis dit souvent: qu'aurions-nous besoin d'amis, si nous ne devions jamais avoir besoin d'eux! que seraient-ils de plus, que des instruments suspendus ou enfermés dans leur étui, et qui, pleins de sons mélodieux, restent muets, quand on attend d'eux l'accord le plus parfait? Oui, oui, mes dignes amis, j'ai aussi, moi, formé quelquefois le vœu secret de perdre les richesses que je dois à la fortune, et supposant l'événement arrivé, je m'écriais, dans la joie de mon cœur… *non, je n'ai rien perdu.* Car quelles richesses sont plus à moi qu'à mes amis?… Douce! douce illusion, dont mon cœur éprouve tout le charme, avant même que l'occasion du bienfait soit née! Ah! voyez les larmes que mon attendrissement fait couler…

APÉMENTÈS.

Timon! Timon! tes larmes coulent; ton vin aussi, et ton or va les suivre…

---

[68] This last image develops Apemantus's words: 'The strain of man's bred out | Into baboon and monkey' (*ToA*, I. 1. 256–57).
[69] Cf. *ToA*, I. 2. 87–106.

UN ESCLAVE *entre, et dit à Timon.*

Seigneur, un brillant cortège de jeunes beautés dans le costume des nymphes demande à contribuer à la fête que vous donnez.

TIMON, *interrompant vivement l'esclave.*

Des nymphes! des nymphes! hâte-toi, cours, vole, qu'elles entrent… Ah! qu'elles entrent!… *Aux convives.* Allons, mes amis, Comus et Bacchus[70] nous ont tenu compagnie jusqu'à ce moment. Vénus nous manquait… *À Apémentès.* C'est la divinité qui console tous les êtres; elle répand encore son baume sur la vieillesse; son souffle adoucit toutes les amertumes de la vie.

APÉMENTÈS, *à Timon.*

En effet, sans Vénus, la troupe des vices ici réunis, n'eût[71] pas été complète. Bien! (*À part.*) Vil Saltidès, je te reconnais… Quel homme respire, qui ne corrompe ou ne soit corrompu!

SALTIDÈS, *à part.*

Bon! voyons maintenant si Amarilla et ses dignes compagnes, que j'ai métamorphosées en nymphes, rempliront bien mon attente.

SCÈNE VI.[72]
LES MÊMES. UN ENFANT COSTUMÉ EN CUPIDON.[73]

L'ENFANT.

Salut à toi, Timon! un courrier arrivé ce matin à Cythère[74] nous a appris que tu donnais aujourd'hui une fête à tes amis; ma mère a cru que sa présence l'embellirait. Elle se rend ici avec sa cour.

TIMON, *vivement.*

On lui fera le plus gracieux accueil, bel enfant!…

L'ENFANT, *arrêtant Timon.*

La voilà.

---

[70] *Comus et Bacchus*: Greek gods of festivities and of wine respectively.
[71] Original: 'n'eut'.
[72] Cf. the danced masque in *ToA*, I. 2. 121–44. Mercier cuts Apemantus's commentary on the dance but adds the brief intrigue with Saltidès and Amarilla.
[73] *Cupidon*: Cupid, the god of love; son of Aphrodite (Venus).
[74] *Cythère*: now Kithira, a Greek island, supposedly the birthplace of Aphrodite.

Entre un groupe de courtisanes habillées en nymphes.[75] *Une d'elles représente Vénus, dont elle a les attributs.*

TIMON, *reconnaissant Amarilla.*

Dieux! c'est elle! c'est Amarilla dont la rigueur inflexible a refusé l'entretien que je lui demandais, que je souhaitais si vivement. *(À Saltidès.)* Je reconnais bien votre amitié dans cette apparition imprévue! La mienne saura récompenser… Vous me faisiez hier l'éloge de ce diamant: je veux qu'il soit un faible gage de la reconnaissance… *(Timon présente une bague à Saltidès, qui feint de la refuser.)*

SALTIDÈS, *avec une fausse dignité.*

Arrêtez, seigneur Timon, j'ai cru devoir amener les Grâces à notre fête; elle recevra d'elles son plus bel ornement, et sans leur présence, elle n'eût pas été, je crois, à moitié si brillante.

TIMON.

Belles nymphes! les fruits les plus rafraîchissants vous attendent dans la salle voisine; daignez choisir vous-mêmes ce qui vous fera plaisir… Ordonnez ici.

Saltidès accepte la bague, fait un signe, et des instruments de musique exécutent l'air d'un ballet voluptueux, mais décent, à la fin duquel Cupidon couronne Vénus, qui détache sa couronne pour la placer sur la tête de Timon, dont les nymphes entourent le siège de guirlandes, de feuillages. Tous les convives applaudissent.

LUCIDÈS.

C'est le droit de la beauté de couronner ses adorateurs.

APÉMENTÈS.

Et de les ruiner.

TIMON *se lève, tire un écrin de sa poche, l'ouvre et dit:*

Belle Amarilla! je n'ai point refusé votre don. *(Il montre la couronne qu'il tient à la main.)* Vous sentez que, sans ingratitude, vous ne pouvez refuser le mien.

AMARILLA, *acceptant l'écrin.*

Seigneur, s'il fallait qu'un jour j'eusse quelques vices, l'ingratitude serait sûrement le dernier.

---

[75] *Courtisanes*: 'On donnait ce nom aux femmes publiques chez les Anciens, et on les appelle encore ainsi en Italie' (*AF* 1798). In Shakespeare, the dancers are instead 'Ladies' dressed as Amazons.

TIMON, *à Amarilla.*

Je chargerai Saltidès du soin de témoigner à vos charmantes compagnes, la reconnaissance que je leur dois du plaisir qu'elles m'ont procuré, lorsqu'on vous introduisant dans ce salon elles en ont fait le temple de Cythère.

APÉMENTÈS.

Crains, Timon, qu'il ne devienne dans peu pour toi l'antre aride du repentir!

LUCIDÈS, *à Timon.*

Quand Jupiter se trouva avec Alcmène,[76] vous savez que la nuit prolongea son cours, pour favoriser les feux de ces illustres amants; vous méritez bien qu'elle ait pour vous cette complaisance. Quant à nous, graves sénateurs (et je parle au nom de mes collègues), la dignité de notre rang, la décence même, veut que nous immolions nos plaisirs à nos devoirs, qui, demain matin, nous appellent au Sénat, où l'exécution des lois, et le bien de la patrie ont besoin de nos lumières. Elles pourraient s'obscurcir au sein de tant de voluptés; il est prudent de les redouter. Permettez donc, que nous retirant…

TIMON, *aux sénateurs.*

C'est malgré moi que j'y consens; mais j'aime à vous voir dignes des postes honorables que la nation vous a confiés. Vous nous devez de sages lois; je me ferais un crime d'interrompre votre importante création. *(À ses esclaves.)* Allons, vous autres. Mes chevaux, des flambeaux.

APÉMENTÈS.

Des flambeaux!… Comme s'il craignait qu'Athènes ne fût pas assez éclairée sur ses folies!…

Les sénateurs et autres convives sortent, en faisant à Timon les salutations les plus profondes. Amarilla sort aussi avec ses nymphes, après que celles-ci ont fait à Timon quelques caresses agaçantes.

SALTIDÈS, *en parlant de Timon.*

Enflammons ses désirs, en éloignant le moment de les satisfaire. *(Haut à Timon, qu'il tient à l'écart.)* Seigneur, votre Amarilla vient de me prévenir, que voulant éviter la vive jalousie de ses compagnes, sur la préférence que vous lui avez témoignée, elle croit ne pouvoir vous en manifester sa reconnaissance, que demain *(à voix basse)*, dans votre jolie maison de campagne, où l'amour la conduira cachée sous le voile du mystère qui doit en augmenter les plaisirs.

---

[76] *Alcmène*: wife of the Theban general Amphitryon. After being seduced by Zeus (Jupiter) in the guise of her husband, she gave birth to Heracles (Hercules).

TIMON.

Ah! Saltidès! assure-lui bien que cette jolie maison est désormais la sienne. Dis-lui que je m'y rendrai demain,[77] au lever de l'aurore dont cette jeune personne a tout l'éclat; et toi, vas trouver mon intendant, règle avec lui le petit détail des présents que je dois aux compagnes d'Amarilla, et dis à ce vieillard qui se croit économe parce qu'il est avare, que je veux que les choses se fassent noblement.

SALTIDÈS, *sort en s'inclinant.*

SCÈNE VII.[78]

TIMON, APÉMENTÈS, *qui se lève du seuil de la porte.*

TIMON.

Et toi, Apémentès, si tu n'étais si bourru, tu éprouverais aussi ce qu'ils appellent mes bontés.

APÉMENTÈS.

Je ne veux rien de toi.

TIMON.

Pourquoi?

APÉMENTÈS.

C'est que j'ai un regard qui anéantit la magnificence, la pompe et le triomphe des riches… Moi, je te condamne à t'enivrer de mollesse, de luxe et de plaisirs.

TIMON.

Soit.

APÉMENTÈS.

Tu seras leur esclave… C'est moi qui suis et serai toujours libre.

TIMON.

On voit partout des personnes libres.

APÉMENTÈS.

J'appelle ainsi celui qui ne connaît ni espérance, ni crainte.

---

[77] Despite Timon's eagerness, this plot thread is not developed further; the play never again alludes to this assignation.
[78] Cf. *ToA*, I. 2. 238–57; Shakespeare's play likewise ends its first act with a brief conversation between Timon and Apemantus.

TIMON.

Un tel homme n'existe pas…

APÉMENTÈS.

Il existe en moi; car tu y rencontreras ton éternel censeur.

TIMON.

Homme dur! âme de fer, où le sentiment de la bienfaisance ne germa jamais! Tu ne connais pas le charme que l'on éprouve à donner, à surprendre un ami…

APÉMENTÈS.

Ainsi, des parasites sont des amis, et tu prodigues tes richesses pour de vaines et perfides grimaces! Oh! est-il possible que l'oreille des hommes si ouverte à la flatterie, soit sourde aux avis salutaires! *(Brusquement.)* Adieu… Je reviendrai, parce que sans ma présence, le nombre de tes sottises augmenterait encore.

TIMON, *sortant par une porte.*

La nature t'a refusé un cœur.

APÉMENTÈS, *sortant par une autre.*

À toi, elle t'a refusé une tête.

FIN DU PREMIER ACTE.

ACTE II.

SCÈNE I.[79]

Le théâtre représente une des salles de l'appartement de Timon.

FLAVIDIAS *seul. Il s'avance sur le bord de la scène y en examinant en silence plusieurs billet qu'il tire d'un portefeuille, et dit ensuite:*

Voilà près de dix ans que je suis son intendant, et voilà près de dix ans que je lui vois toujours tenir la même conduite! Il ignore que sa bourse se vide à mesure que celle des autres se remplit… *(Il se promène en silence.)* Oui, le Pactole[80] roulerait l'or dans son vaste parc, qu'il viendrait encore à bout d'en épuiser les richesses. Ses promesses excèdent si prodigieusement sa fortune, que tout ce qu'il

---

[79] This scene is based on, and amplifies, *ToA*, II. 2. 1–8. Mercier drops Shakespeare's opening scene, in which a self-interested Senator sends his servant Caphis to collect money from Timon.
[80] *Pactole*: Pactolus, a Turkish river that was said to be abundant in electrum, a naturally occurring alloy of gold and silver.

promet est une nouvelle dette qu'il contracte, et sans qu'il s'en aperçoive. Chaque parole lui donne un créancier de plus. *(Il se promène en silence.)* Plus j'y réfléchis… Non, jamais la nature ne fit un homme aussi bon, pour le rendre aussi peu inquiet sur l'avenir; si j'avais l'éloquence de notre Démosthène,[81] je réussirais sans doute à lui persuader que dans la situation où il se trouve, il devrait bien prendre les moyens de rassembler, les débris de son opulence; mais quoique je dise, il ne pourra jamais se maintenir ni résister au penchant, qui l'entraîne sans cesse à donner… Il ne sentira son déplorable état, que lorsqu'il se verra dans l'impuissance d'y remédier…

N'importe, parlons-lui avec toute la force que doit m'inspirer sa situation, Il faut que je lui parle sans détour, à l'heure même où il va revenir de la chasse. Car je suis décidé à lui montrer enfin l'épouvantable liste des créanciers qui le poursuivent… Oh! qui, les voilà, qui, selon leur coutume, viennent me harceler…

SCÈNE II.[82]

FLAVIDIAS, BRUTEMON, DULCIMADE, NICOMÉDOCLE, CAPHIS, *et un grand nombre d'esclaves, envoyés par leurs patrons, créanciers de Timon.*

BRUTEMON, *à ses camarades.*

Oh! vous avez beau dire! par Hercule! nous verrons si cette fois-ci je ne me fais pas payer; et savez-vous pourquoi, vous autres! c'est que si mon maître, à qui Timon doit, ne reçoit pas, je reçois, moi, cent coups de bâton; or je veux que Timon paye sa dette, et que mon maître ne me paye pas la sienne.

DULCIMADE, *avec douceur.*

Écoutez, Brutemon. Je n'ai pas toujours servi sous un maître. J'étais libre autrefois, et j'ai toujours vu dans mon état de citoyen, que c'est avec une douce politesse, que l'on gagne des cœurs…

BRUTEMON, *vivement.*

Et des coups de bâton…

---

[81] *Demosthène*: Demosthenes (384–322 BC), Greek orator and statesman.
[82] This scene expands on what, in Shakespeare, consists of only a few lines (*ToA*, II. 2. 10–16); Mercier offers us a glimpse into the lives of the slaves.

NICOMÉDOCLE.

Quant à moi, mon patron m'a prévenu qu'il ne me payera les gages[83] qu'il me doit depuis longtemps, qu'avec l'argent que je lui ferai recevoir de Timon. Et certes, cette menace m'épouvante bien plus que…

CAPHIS.[84]

Moi, mon patron m'a dit: mettez votre manteau, et courez chez le seigneur Timon; priez-le, mais jusqu'à l'importunité, de me donner de l'argent, et qu'un léger refus ne vous ferme pas la bouche… Dites-lui que mes billets crient après moi, et que c'est à mon tour à me servir de ce qui m'appartient: tous les jours de délais et de grâce sont expirés; on m'a toujours remis au lendemain, et par trop de confiance à ses paroles, j'ai altéré mon crédit. J'aime et j'honore Timon; mais je ne dois pas me noyer pour l'empêcher de se mouiller le pied. J'ai besoin d'argent tout à l'heure, et il faut que j'en aie tout à l'heure… Partez, esclave; offrez-lui un visage qui demande, qui demande inflexiblement; car je crains bien que le seigneur Timon, qui brille comme un phénix, ne soit bientôt nu comme le geai de la fable, quand chacun l'aura dépouillé.[85]

FLAVIDIAS, *à part.*

Terribles paroles!… Vous ne contenez que trop la vérité… (*Haut.*) Mes amis, vous serez payés… de la modération… de grâce…

On entend des instruments de chasse qui en sonnent le retour.

FLAVIDIAS, *à part.*

Voilà Timon de retour de la chasse!… Vous l'entendrez… Rangez-vous.

---

[83] Although Mercier replaces Shakespeare's servants with slaves, he anachronistically has them receive payment.
[84] Much of this passage reworks, as reported speech, what the Senator says directly onstage in *ToA*, II. 1. 15–32.
[85] Allusion to Aesop's fable 'The Jay and the Peacock', in which a jay attempts to impress some nearby peacocks by adorning itself in their discarded feathers.

SCÈNE III.[86]

LES MÊMES. TIMON, ALCIBIADE, *en habits de chasseurs et accompagnés, d'une suite nombreuse, dans le même costume.*

TIMON, *aux chasseurs.*

Non, mes braves amis, je ne souffrirai point que vous épuisiez le reste de vos forces, en contribuant plus longtemps à mes plaisirs. Après les courses que nous venons de faire dans les champs, dans les forêts, sur les montagnes, vous avez besoin tous de repos… Demain après le petit festin, auquel je vous invite, nous nous remettrons en campagne.

Général Alcibiade, vous êtes l'homme unique; mais je sais bien que ces campagnes-là ne sont pas celles qui plaisent le plus au cœur d'un héros… C'est l'amitié dont vous m'honorez qui vous a fait…

ALCIBIADE.

Ces campagnes, pourquoi pas? dès que nous regardons le gibier comme notre ennemi, eh bien! le vaincre nous offre du moins l'image des victoires, et la victoire est toujours belle sous quelque emblème ou quelque forme qu'elle se présente… Adieu, Timon; quand il faudra combattre sous les enseignes de Diane, de Bellone[87] ou de Vénus, croyez qu'Alcibiade sera toujours à vos côtés. Vous le savez, j'aime à rivaliser dans tous les genres, parce que je me pique, moi, je ne m'en cache point, d'être fidèle au culte de toutes les déesses, soit qu'elles habitent l'Olympe, les camps ou les bosquets. À demain, après dîner nous nous remettrons en campagne, et le dard toujours levé…

Les chasseurs se retirent avec Alcibiade, et Timon s'avance sur le bord de la scène.

SCÈNE IV.[88]

LES MÊMES. TIMON, *voyant la foule des créanciers qui l'attendent, leurs billets à la main.*

TIMON.

Que signifie tout cela? Eh! que me demande donc tout ce monde? Ces honnêtes gens ont-ils besoin de moi? quel est le service que je peux leur rendre?

---

[86] Once again, Mercier expands a few lines in Shakespeare (here, *ToA*, II. 2. 17–18) into a short scene.

[87] *Diane, Bellone*: Diana, goddess of hunting; Bellona, goddess of war.

[88] Cf. *ToA*, II. 2. 19–46. In Shakespeare, Timon is assailed only by Caphis and the servants of Varro and Isidore; Mercier vastly increases the number of people demanding money from Shakespeare's three to 'un grand nombre d'esclaves' (see II. 2).

DULCIMADE, *s'inclinant ainsi que tous les créanciers.*

Celui de nous payer, mon noble seigneur. Et voilà vos billets que nos patrons prennent la liberté de vous envoyer pour vous supplier de les acquitter.

CAPHIS.

Votre intendant m'a toujours renvoyé, seigneur: or, les ordres de mon patron portent de m'adresser directement à vous.

BRUTEMON.

Il faut aussi me payer; le terme est échu, seigneur, depuis[89] plus de six semaines... Vous ne devez pas l'ignorer.

TIMON.

Vous payer, dites-vous, mes amis? mais cela me semble fort judicieux; mon intendant va vous satisfaire... Flavidias! vous connaissez mes moyens, vous savez mes intentions, remplissez-les donc sur-le-champ, ou demain, quand ces braves gens le voudront; mais pour qu'ils n'aient point à se plaindre de moi, et de ce léger retard, je ne veux pas qu'ils retournent mécontents chez leurs maîtres, et sans avoir bu à ma santé. (*Il sort après avoir dit:*) Flavidias, je vous laisse ce soin. Il est étonnant que je me sois vu assailli par des créanciers, qui viennent ici m'étourdir de demandes, de billets manqués, de payements différés... pourquoi tous ces affronts à mon honneur; qu'ils soient promptement réparés; je vous l'ordonne. Adieu, mes bons amis, adieu... divertissez-vous bien...

Tous les créanciers s'inclinent.

SCÈNE V.[90]

LES MÊMES.

DULCIMADE.

Tu vois bien, Brutemon! quand je te disais que c'est avec une ingénieuse politesse qu'on gagne les débiteurs, ceux de cette espèce, s'entend.

BRUTEMON.

Tu as raison, et je commence à voir que je ne recevrai point de coups de bâton...

---

[89] *TdA* 1794: 'depuis depuis'.
[90] Despite the text's claim that the characters in this scene are 'les mêmes', Timon clearly leaves at this point. This scene is largely Mercier's invention; Shakespeare fills the time of Timon's absence with the servants, and then with an interlude with Apemantus and the Fool.

NICOMÉDOCLE.

Et moi, que je toucherai mes gages.

Tous les créanciers entourent Flavidias.

FLAVIDIAS, *à part.*

Que leur dirai-je?... *(Aux créanciers, hésitant...)* Écoutez, mes enfants... Écoutez... Vous avez mal pris votre temps, en venant... aujourd'hui surtout... pour recevoir ce qu'on doit à vos patrons... Timon dans ce moment est... est embarrassé... très embarrassé, même... Mais cela ne peut pas durer, vous le concevez bien; allez, vous serez satisfaits, attendez quelques jours seulement, car je vois arriver celui... où... vous serez tous dans le cas de ne plus venir importuner Timon... Tout sera fini entre vous et lui...

NICOMÉDOCLE.

Voilà qui est clair. Allons annoncer cette bonne nouvelle à nos patrons.

Les créanciers se disposent à sortir, Nicomédocle les arrête.

Eh mais! attendez donc, attendez donc!... Et cette santé du seigneur Timon, qui veut que nous buvions à la sienne, pour que la nôtre se porte mieux? comment, oubliez-vous donc ça, vous autres?... Ah! j'ai plus de mémoire que vous...

Il tend son bonnet à Flavidias, qui y jette quelques pièces de monnaie, et il ajoute par réflexion:

Nos patrons?... Oh! comme ils vont être joyeux, quand ils sauront que tout sera bientôt fini entre eux et Timon.

Il sort avec tous les autres créanciers.

SCÈNE VI.

FLAVIDIAS, *seul.*[91]

Me sera-t-il enfin permis de saisir le moment où Timon, loin de la foule intéressée et qui l'assiège, voudra bien jeter les yeux sur le tableau que j'ai à lui présenter? L'infortuné! il ignore la chute de sa maison. Son coffre est vide, ses domaines sont hypothéqués, son crédit se perd; or voyons si je ne pourrai point l'engager à sauver les restes de cette immense fortune, qu'il croit encore posséder. Le voici: dieux! soyez-moi propices!

---

[91] This monologue is also Mercier's invention, and serves to heighten the irony of Timon's extravagant reappearance in the next scene.

SCÈNE VII.[92]

TIMON, FLAVIDIAS.

TIMON, *vêtu magnifiquement, s'adresse à quelques esclaves dans le fond du théâtre.*

Allez, que chacun de mes présents soient distribués dans l'ordre que je vous ai prescrit... À propos: avez soin de redoubler le nombre des flacons de vin que j'ai destinés aux musiciens... Toi, Eupolis, rends-toi dans le moment même chez Charitidès. Tu placeras dans son écurie quatre de mes chevaux blancs-de-lait,[93] et tu lui renouvelleras mes remerciements sur les chiens dont il a bien voulu me faire présent quand, ce matin à la chasse, j'admirais leur fine intelligence. Je sais combien il leur était attaché. C'est un sacrifice qu'il avait à me faire, je le sens bien, il ne s'y est cependant pas refusé! oh! ce cher Charitidès! il m'aime! j'en suis convaincu... *(S'avançant vers Flavidias.)* Flavidias... très content de vous... J'ai vu à la joie qui brillait sur le visage des gens qui vous quittent, que vous les renvoyez satisfaits eux et leurs patrons. Ils ont reçu sans doute les sommes que je leur devais... je ne sais trop comment... car ce sont vos affaires à vous... Bien, bien... et cela va resserrer les liens de l'amitié qu'ils m'ont toujours témoignée; mon bonheur s'en augmentera... On dit qu'un tyran souhaitait que toute une république n'eût qu'une tête, pour avoir le plaisir de la couper.[94] Moi, je voudrais aussi que toute la Grèce n'eût qu'une tête, mais ce serait pour la couvrir, s'il était possible, de dons inépuisables. *(Flavidias lève les mains vers le ciel en soupirant.)* Honnête Flavidias! tu secondes tant par tes vœux que par tes soins, celui que je forme et que j'ai toujours formé depuis que je me connais. Cette conformité avec mes sentiments augmente l'estime que j'ai toujours eue pour toi. Mais j'ai pensé à une chose... Voici que tu as passé ta jeunesse au service de mes parents et au mien. Ta barbe, qui blanchit, annonce qu'il est temps que tu jouisses de l'état heureux qui t'est si légitime dû depuis que tu veilles laborieusement à l'administration de nos affaires. Eh bien! je veux que descendant de l'emploi de mon intendant pour occuper la place de mon ami, tu me cherches un homme

---

[92] This scene is partly inspired by the conversation between Timon and Flavius (*ToA*, II. 2. 124–84), but the hubristic monologue that opens it is Mercier's invention. Mercier increases the irony and pathos of the scene, not least by contrasting Timon's buoyant mood with Flavidias's disillusionment.

[93] This seems to be inspired by Lucius's gift of 'Four milk-white horses' to Timon in *ToA*, I. 2. 183–84; the dogs might also echo the 'two brace of greyhounds' given him by Lucullus (*ToA*, I. 2. 192).

[94] These words would clearly have had resonances during and after the Reign of Terror (September 1793–July 1794), when at least 17,000 people across France were officially condemned to death, many by guillotine. Despite the contrast he goes on to establish between his own generosity and the brutality of tyrants, however, Timon clearly lacks the foresight and economic skills to be a competent ruler.

qui, en te remplaçant, ait ta confiance, et à qui je puisse laisser le soin de gérer le gouvernement de ma maison... Tu pleures, bon Flavidias! te fais-je de la peine en formant ce projet?

FLAVIDIAS, *tristement.*

Non, mon généreux maître, non! mais... cet autre, ce nouvel intendant... vous n'en aurez bientôt plus besoin.

TIMON.

Comment?... plus besoin! Mais si, comme je t'en prie, tu jouis du repos que je dois, que je veux te procurer, qui prendra alors la peine d'administrer mes biens?

FLAVIDIAS,[95] *plus tristement encore.*

Hélas!... ceux à qui maintenant ils appartiennent.

TIMON, *gaiement.*

Rusé vieillard!... je vous vois venir!... vous avez toujours censuré le plaisir intime que j'éprouve, lorsque je fais la conquête des cœurs de tous ceux qui m'environnent, en répandant sur eux les biens que je tiens de la fortune. Mais, dis-moi, mon ami, ce chêne, qui borne mon avenue et que je t'ai vu si souvent admirer, mériterait-il ta vénération, si, du vaste feuillage de ses nombreux rameaux, il ne couvrait, dans la saison, tous ceux que les ardeurs brûlantes de l'été forcent à y venir respirer sous son ombrage? J'aime à croire, Flavidias, que je suis cet arbre bienfaisant...

FLAVIDIAS.

Hélas! qu'on vient de couper au pied!... mon cher maître! depuis longtemps, vous le savez; je n'ai osé vous faire entendre ma faible voix, pour vous prier de faire attention à l'énormité des dépenses qui font que vos dettes grossissent chaque jour. Mais depuis longtemps, j'ai commencé moi, la liste fatale de vos créanciers de tous genres, avec le montant des sommes...

TIMON, *distrait.*

À propos. — Il faut, mon vieux ami,[96] que tu donnes tes ordres, pour qu'on prépare ce salon, où ce soir je donne un concert. Un jeune artiste doit y faire exécuter quelques morceaux de sa composition, qu'il a eu la complaisance de me dédier. C'est une occasion de jouir, en faisant de plus connaître son talent au public, et ces occasions-là, vous savez que je ne les manque jamais... J'avais bien

---

[95] *TdA* 1794: 'FLAVIAS'.
[96] Normally, of course, 'vieux' becomes 'vieil' in front of a vowel. The use of 'vieux' in such cases occasionally appears, although it was regarded as a rustic dialectal form.

pensé à transporter tout ce spectacle et les spectateurs chez ma fantasque Amarilla, mais je me suis dit: ce serait une augmentation de dépenses, et mon grave intendant viendrait à son ordinaire, me faire de longues remontrances... Allons, de l'économie! de l'économie! Vous voyez bien, Flavidias, que je ne suis pas tout à fait rebelle à vos leçons. Je me propose même, d'en faire un jour mon profit...

FLAVIDIAS, *tristement.*

Hélas!... il n'est plus temps. Vos[97] dettes accumulées...

TIMON *légèrement.*

Mes dettes! Eh bien, que l'on vende quelques-unes de mes terres, pour les acquitter. Cela est bien simple je crois, bien aisé... Mes dettes! et mes domaines donc! vous dis-je!

FLAVIDIAS.[98]

Une partie en est déjà vendue, l'autre est engagée. Ce qui reste de votre fortune n'est pas suffisant, à beaucoup prés, pour remplir les créances échues, et chaque jour en amène une foule d'autres qui vont échoir.

TIMON.

Tu ne songes donc pas, ami, que mes possessions s'étendent jusqu'à Lacédémone?[99]

FLAVIDIAS, *avec un peu de chaleur.*

Ah! mon trop généreux maître! elles se seraient étendues jusqu'au Nil, que... la douleur étouffe ma voix...

TIMON.

Vous m'étonnez fort! je savais bien que ma dépense pouvait avoir anticipé sur mes revenus, mais je ne me croyais pas arriéré jusqu'à ce point... pourquoi ne m'en avez-vous pas averti plus tôt?... j'aurais su proportionner mes dépenses pour un certain temps...

---

[97] *TdA* 1799: 'Nos'. While the first-person plural might make sense here, Timon's singular response makes it clear that this is a typographical slip.
[98] Although the next two lines echo *ToA*, II. 2. 146–51, Timon's different replies here show his different attitude. While Mercier's Timon remains blithely confident in his wealth, Shakespeare's Timon announces forlornly: 'To Lacedaemon did my land extend' (*ToA*, II. 2. 151), apparently already acknowledging his loss.
[99] *Lacédémone*: Sparta.

FLAVIDIAS.

Vous n'avez jamais voulu m'entendre, je vous ai présenté plusieurs fois mes comptes; je les ai mis sous vos yeux; vous les avez toujours rejetés, en disant que vous vous reposiez entièrement sur mon honnêteté.

TIMON.

Sans doute… je n'ai, et je n'aurai jamais lieu de m'en repentir.

FLAVIDIAS.

Non… mais c'est moi qui me repens d'avoir obéi… Ah! quoiqu'il soit bien tard aujourd'hui de m'écouter, mon cher maître, en voici pourtant le moment… apprenez que toutes vos richesses ne suffiraient pas pour payer la moitié de vos créanciers…

TIMON.

La moitié!… tu me dirais la vérité! d'où vient tout à coup cet orage?

FLAVIDIAS.

Si vous avez le moindre soupçon sur mon administration et sur ma fidélité, citez-moi devant les juges les plus sévères, et faites-moi rendre un compte rigoureux… je m'y soumets…

TIMON.

Lève-toi. *(Il erre sur la scène tout pensif.)*

FLAVIDIAS.

Ah! combien de fois, loin de la joie tumultueuse de vos splendides festins, ne me suis-je pas retiré, le cœur navré, dans quelque endroit solitaire, pour y déplorer le funeste usage que vous faisiez de vos richesses, en les prodiguant à une vile cohue de…

TIMON, *sérieusement.*

Doucement, mon vieux ami!… doucement!… vous vous échauffez pour votre âge: ce n'est point là votre ton ordinaire. Cela pourrait vous nuire. Songez-y.

FLAVIDIAS, *avec expansion.*

Pardon! homme égaré, par un sentiment que je respecte, mais dont l'abus déplorable a si souvent fait couler mes larmes!… pardon! homme indignement trompé par des adulateurs qu'il croit ses amis, parce qu'il suppose dans leurs âmes, les vertus qu'il sent dans la sienne! par des traîtres qui sourient sous leur masque, au moment même que vos mains libérales s'ouvrent pour rassasier leur avare cupidité, au moment même, où leur sourire perfide que vos esclaves aperçoivent avec indignation, et dont… s'ils l'avaient osé…vous seriez vengé…

TIMON, *très sévèrement.*

Flavidias!… je ne souffrirai point qu'égaré à votre tour par une injuste défiance, vous vous permettiez de douter un moment de la sincérité de mes amis. *(Avec feu.)* Et moi aussi je vous dis: homme trompé par une vieillesse soupçonneuse, vous qui, à tout autre qu'à moi, feriez croire qu'il ne suppose des trahisons, dans l'âme des autres, que parce qu'il en trouve dans la sienne!… Mais je sens que je m'échauffe ainsi, et je veux profiter moi-même du conseil que je te donnais tout à l'heure… Allons, calmons-nous l'un et l'autre. Tu connaîtras bientôt combien tu t'es mépris sur l'état de mes affaires… Vas, je suis du moins riche en amis,[100] et je puis disposer aussi librement de leur fortune, que je disposais de la mienne. *(Il se promène avec agitation.)* Ô mes amis! mes dignes amis! enfin, mon vœu est exaucé! il brille ce jour, qui sera le triomphe de l'amitié, de la reconnaissance, et de toutes les vertus généreuses! Dieux immortels! je vous remercie! vous avez voulu que j'éprouvasse une fois dans ma vie le plus délicieux des sentiments, celui de tout recevoir de ceux à qui j'ai tout donné! *(À Flavidias, qu'il embrasse, et qui s'essuie les yeux.)* Bon et honnête vieillard! combien tu vas te repentir de tes injurieux soupçons! nul bienfait honteux n'a déshonoré ma main… je n'ai point à rougir de mes dons; j'ai pu les prodiguer avec imprudence, il est vrai, mais je ne les ai jamais prostitués avec aveuglement… Songes que je vais rouvrir en un clin d'œil les réservoirs où mon amitié a versé ses bienfaits. *(Vers le fond du salon.)* Holà! ho! vous autres! holà quelqu'un… Ah! que n'ont-ils les ailes de Mercure! *(Des esclaves paraissent.)* Toi, vas chez Lucidès, toi chez Lucullime, toi chez Ventidiaque, toi chez Semphronide, toi chez… *(Par réflexion.)* C'est assez, oh oui, c'est assez! le secours de ces quatre amis me suffira. *(Aux esclaves.)* Dites à chacun d'eux que je suis fier de trouver l'occasion d'employer leurs services pour quelques sommes dont j'ai besoin; demandez-leur soixante-quinze[101] talents, plus ou moins, mais approchant.[102]

UN ESCLAVE.

Vos ordres seront remplis, seigneur.

TIMON.

S'ils étaient absents, vous irez trouver de ma part un de ces sénateurs… n'importe lequel; tous m'ont quelque obligation; dites-leur de m'envoyer ce qu'ils auront

---

[100] 'I am wealthy in my friends' (*ToA*, II. 2. 184).
[101] *TdA* 1794: 'soixante et quinze'.
[102] Shakespeare's Timon asks for 'fifty talents' (*ToA*, II. 2. 192–93).

de superflu; voilà mon nom et mon seing... Partez; les services que j'ai rendus à eux, et à la République... *(Les esclaves sortent.)* Oh! comme leurs cœurs vont palpiter de joie! j'envie le moment glorieux où ils vont se trouver!... Vous Flavidias, sitôt que mes esclaves seront de retour, recevez les sommes qu'ils apporteront, distribuez-les à mes créanciers, et souvenez-vous que la perte de la fortune n'est rien, quand on a mérité de se faire des amis qui possèdent encore la leur. *(Il sort, revient et dit:)* Mon cher intendant, qui allez cesser de l'être, pour devenir mon meilleur ami, souvenez-vous au milieu de tout ceci, de mon concert: j'ai remarqué hier, que la salle du banquet n'était pas assez ornée, assez éclairés; ayez soin de redoubler[103] le nombre des lustres. Renouvelez les parfums de vos cassolettes, et surtout que les fleurs de vos guirlandes soient mieux nouées et plus fraîchement écloses... à tantôt! *(Il sort.)*

FLAVIDIAS, *seul*.[104]

Des parfums! des fleurs! on en met aussi sur la tombe des morts!... hélas... hélas! ces amis! j'ai bien peur qu'ils ne répondent tous et d'une voix unanime, qu'ils n'ont point de fonds, qu'ils ne peuvent faire ce qu'ils désireraient, qu'ils en sont affligés, désolés, désespérés... Il me semble les voir (puissé-je les connaître mal) secouer la tête ou la détourner, user de phrases entrecoupées ou de demi-révérences, et accueillir de cette manière les demandes de mon pauvre maître. S'il en arrive ainsi, résistera-t-il à ce coup terrible?... détrompé sur la chimère qui faisait la charme de sa vie, il ne pourra pardonner à une telle ingratitude... je le connais, il en mourra, ou[105] ce que je ne crains pas moins, il en perdra la raison... Allons cependant exécuter ses ordres, qui seront sans doute en ce genre, les derniers qu'il me donnera... Ah! mon pauvre maître! mon pauvre maître! *(Il sort en s'essuyant les yeux.)*

FIN DU SECOND ACTE.

---

[103] *TdA* 1799: 'redoubler'.
[104] This final speech reworks and significantly expands Flavius's three-line monologue in *ToA*, II. 2. 232–34.
[105] *TdA* 1794: 'où'.

ACTE III.

SCÈNE I.[106]

Le théâtre représente une rue d'Athènes, dans laquelle on distingue la belle maison de Timon.

EUPOLIS, *seul.*

Lucullime n'est pas chez lui; mais voici l'heure où nos sénateurs les plus tardifs se rendent à l'Aréopage,[107] et sans doute, il passera par cette rue. Qu'il serait ingrat, ce Lucullime, à qui mon maître vient de faire présent d'une belle métairie, s'il allait, dans un moment comme celui-ci, refuser de lui prêter la somme qu'il lui demande! mais comment une pareille idée peut-elle me venir dans la tête!… Allons, Eupolis, tu n'es qu'un misérable, en supposant un tel vice dans l'âme d'un homme qui, par la noblesse de son rang, est fait pour nous donner, à nous autres, l'exemple de toutes les vertus. On voit bien que tu tiens à la bassesse de ta condition… ignores-tu, que pour être vertueux, il ne suffit pas d'être homme, qu'il faut encore être noble? ainsi l'a voulu non la nature, mais le préjugé… Mais… cependant… je sens là… dans le fond de mon âme, que si l'occasion se présentait de rendre service à mon maître… j'aurais, dans la servitude, l'ambition d'imiter la noblesse, dont le sang, dit-on, est bien plus pur que le notre… Voilà Lucullime.

SCÈNE II.

EUPOLIS, LUCULLIME, UN ATHÉNIEN.[108]

LUCULLIME, *à part, dans le fond.*

Bon! voici un des esclaves de Timon!… c'est quelque présent, je gage… Je n'ai pas, sans doute, dans mes songes, la croyance superstitieuse de nos bonnes femmes dans les leurs; mais je ne peux m'empêcher de me sourire à moi-même quand je me rappelle que, cette nuit, je n'ai rêvé qu'aux bassins d'argent, qu'aux aiguières de vermeil, qu'aux superbes vases de cristal qui décoraient la table de

---

[106] In Shakespeare, the opening scene of act III is set at the lord Lucullus's house, which Timon's servant Flaminius visits in the hope of getting money. Mercier relocates the action of this act to a public place outside Timon's house, to justify Timon's reappearance later. Eupolis' opening monologue is Mercier's invention, and serves to heighten Lucullime's ingratitude in comparison with the slave's naive expectations of his generosity.

[107] *Aréopage*: the Athenian governing council, tasked with judicial decisions and punishments.

[108] The structure of this scene (the lord's opening words, the empty box, the bribe, its rejection…) closely follows *ToA*, II. 2. 5–48. Mercier's primary addition to this scene is the eavesdropping Athenian, whose presence is justified causally by the outdoor setting and dramatically by the need to show how news of Timon's bankruptcy becomes public.

Timon, dans le banquet qu'il nous a donné... Il se pourrait faire que d'après ma muette admiration, il m'envoyât...

L'ATHÉNIEN, *qu'un motif de curiosité porte à écouter.*

Timon! je le connais; voilà la porte de sa maison. Écoutons; il est bon parfois d'être curieux. Le hasard nous sert quand on l'interroge, et nous apprend souvent des choses dont on peut tirer grand parti.

LUCULLIME *s'avance.*

Honnête Eupolis, c'est avec plaisir que je te rencontre dans cette rue. Si tu étais chez moi, je te ferais donner quelques coups de bon vin, pour te témoigner... Or ça, dis-moi, comment se porte le plus respectable, le plus accompli des citoyens d'Athènes, cet homme si noble, si magnifique, ton digne seigneur, ton généreux maître, pour qui tout le monde connaît mon parfait dévouement?

EUPOLIS, *d'un ton triste.*

Seigneur, la santé de Timon est fort bonne, mais dans ce moment-ci, sa situation est fort...

LUCULLIME, *avec un feint transport.*

Oh! combien je suis pénétré, ravi de le savoir en bonne santé! si tu pouvais deviner quel vif intérêt j'y prends!... Mais dis-moi; que portes-tu là sous ton manteau?

EUPOLIS.

D'honneur, rien qu'une cassette vide.

LUCULLIME.

Vide! *(À part.)* Dieux!

EUPOLIS.

Et je viens, au nom de mon maître, prier votre grandeur de la remplir. Il me charge de vous dire qu'il se trouve inopinément dans une circonstance des plus sérieuses, et qu'il attend que votre amitié veuille bien l'en tirer, en lui prêtant une somme, dont il a le plus pressant besoin. Il ne doute pas même de l'empressement avec lequel...

LUCULLIME, *d'un ton grave.*

Il ne doute pas!... il ne doute pas!... hélas! le brave seigneur! c'est bien le plus honnête homme, et je l'ai toujours dit... mais, mon cher Eupolis... entre nous... il tient un trop grand état de maison; les gens sensés en murmurent. Cent fois j'ai dîné chez lui, et je lui ai dit là-dessus ma pensée, parce que l'amitié m'en faisait un devoir. Je suis même retourné souper plusieurs jours chez lui, tout exprès pour l'engager à diminuer sa dépense; mais il n'a jamais voulu suivre mes conseils.

Chaque homme a son défaut; et le sien est un excès de bonté, à qui l'on pourrait donner un autre nom, si l'on ne devait pas toujours du respect à un ami qui devient malheureux. Ce défaut-là devait le perdre un jour; je le lui ai prédit; hé bien, voilà ma prédiction accomplie! que puis-je faire maintenant pour en empêcher l'effet? Eupolis a trop de sens, trop de raison, pour ne point voir que me rendre à la prière de son maître, ce serait lui fournir de nouveaux moyens de propager ce défaut, dont j'ai voulu le corriger. Toi, Eupolis, je t'ai toujours regardé comme un homme sage, un homme prudent.

EUPOLIS.

Votre grandeur veut sans doute plaisanter...

LUCULLIME.

Non, je te rends justice... tu sais priser ce qui est raisonnable... tu ne blâmeras point ma prudence; et pour te prouver combien j'estime ton caractère, tiens. *(Il lui offre quelques pièces de monnaie.)*

EUPOLIS, *à part*.

L'infâme! il flatte jusqu'à un misérable esclave, dont il prévoit avoir besoin. *(Haut.)* Ma prudence!... ma sagesse!... certes, seigneur Lucullime, vous voulez sans doute vous égayer à mes dépens... L'embarras où se trouve mon maître...

LUCULLIME.

Je te l'ai déjà dit, Eupolis! tu as un jugement droit, et tu sais conséquemment que nous ne sommes plus dans le temps où l'on prêtait de l'argent sur une simple parole... aujourd'hui sois discret, ferme les yeux sur moi... dis à ton maître, que tu ne m'as pas vu: que parti précipitamment pour Corinthe, où des affaires m'appellent... tu comprends...

EUPOLIS, *indigné*.

Quoi! vous refusez de secourir votre ami, et vous osez me proposer de le trahir? *(Il jette la bourse.)* Voilà votre argent; je le maudis, et je vous méprise malgré la dignité dont vous êtes revêtu. Votre robe sénatoriale n'en impose plus au grossier vêtement qui me couvre. L'ingrat! il porte encore dans son estomac les mets qu'il a engloutis à la table de mon maître, et lorsque celui-ci implore son secours!... Puissent ces aliments se changer pour vous en poisons!... Voilà le vœu que forme contre un perfide ami, un homme que le malheur de sa naissance, et l'injustice de la société, ont rendu esclave, mais que ses sentiments rendent digne de la liberté.[109]

---

[109] The political allusions in this speech are Mercier's addition to a speech otherwise loosely based on *ToA*, III. 1. 49–61.

LUCULLIME.

Ah! je vois maintenant que tu n'es qu'un sot, et bien digne de servir ton maître. *(Il sort.)*

EUPOLIS.

Il lui manquait la lâcheté d'outrager Timon, après avoir contribué à le ruiner. Dieux! je ressens d'avance toute l'indignation de mon maître. Comment lui annoncer?… Entrons.

(Eupolis entre chez Timon.)

L'ATHÉNIEN, *seul. (Il sort de l'endroit où il s'était caché pour écouter.)*

Quoi, cet Athénien, dont j'ai souvent entendu comparer la brillante fortune au soleil qui répand partout ses rayons, est donc éclipsé! voilà donc le fameux Timon ruiné!… Je ne sais pourquoi, mais je n'en suis pas trop fâché… Oh! quel bruit cette nouvelle ne fera-t-elle pas dans Athènes!

SCÈNE III.[110]

L'ATHÉNIEN, LUCIDÈS.

LUCIDÈS, *qui a écouté, à l'Athénien.*

Timon ruiné! l'ami, qui peut vous avoir appris cette étrange nouvelle, ou plutôt cet odieux mensonge? savez-vous qu'il y a des risques à courir pour ceux qui débitent d'atroces calomnies, et qu'en ma qualité de sénateur, je pourrais dans le moment même vous faire repentir d'oser ainsi flétrir la réputation du meilleur de mes amis.

L'ATHÉNIEN, *alarmé.*

Seigneur!… pardon!… je n'ignore point que Timon est votre ami…. encore une fois pardon, si ne croyant être écouté de personne, j'ai parlé du malheur qu'on m'avait d'abord appris et qu'un fait qui s'est passé sous mes yeux vient de me confirmer.

LUCIDÈS, *inquiet.*

Un fait, dites-vous, qui vient de vous confirmer?… expliquez-vous… expliquez-vous donc!… c'est que vous m'effrayez à un point…

---

[110] Based on *ToA*, III. 2. 1–63, where Timon's false friend Lucius hears of Timon's bankruptcy from three strangers, who are aware of his request for money from Lucullus. Mercier's eavesdropping Athenian helps him to preserve the *liaison des scènes* and tighten the plot.

L'ATHÉNIEN.

Dans le moment même, à l'endroit où je vous parle, seigneur, un esclave de Timon vient d'annoncer à Lucullime la ruine totale de son maître, et de le conjurer même de lui prêter, dans la terrible situation où il se trouve, quelques secours que Lucullime lui a refusés.

LUCIDÈS, *dans une feinte colère.*[111]

Lucullime!... lui a refusé... refuser un ami qui réclame dans sa détresse un témoignage d'amitié!... et Lucullime n'est pas mort de honte!... Combien je rougis d'avoir ce sénateur pour collègue. Ah! pourquoi ne s'est-il pas adressé à moi? pourquoi donner une aussi honorable préférence à Lucullime? Timon! Timon! avec quelle amertume mon cœur, trop délicat peut-être dans son extrême sensibilité, regrette l'heureuse occasion que vous venez de lui faire perdre!... Mais... serait-il donc bien vrai que Timon fût totalement ruiné?... Je vais prendre des mesures pour m'instruire par moi-même... Mais je reconnais l'un de ses esclaves qui me paraît bien échauffé! nous allons savoir... *(À l'Athénien.)* Laissez-moi l'interroger, et vous verrez que vous avez mal compris les discours de Lucullime.

SCÈNE IV.[112]

LUCIDÈS, L'ATHÉNIEN, MYRPHON, *hors d'haleine, tenant une cassette sous le bras.*

MYRPHON.

Ouf!... heureusement, vous voilà, Lucidès!... J'ai tant couru dans les différents endroits où l'on m'indiquait que je pourrais vous trouver, que je suis tout.... comme vous voyez. *(Il s'essuie le front.)* Très honoré seigneur!... ouf!

LUCIDÈS.

Allons, allons, reprends haleine.

MYRPHON.

Très honoré seigneur! mon maître vous envoie ce petit coffre...

---

[111] Lucidès is more self-righteously indignant than his counterpart Lucius, who announces merely that 'I should ne'er have denied his occasion so many talents' (*ToA*, III. 2. 23–24).

[112] Cf. *ToA*, III. 2. 25–61. In both plays, Timon's false friend initially acts as though Timon is offering him money again. In order to save face in front of the Athenian, Mercier's Lucidès treats the request for money as a joke for as long as possible, and then becomes aggressive; Shakespeare's Lucius, conversely, is demoralized but accepting.

LUCIDÈS, *avec transport.*

Il m'envoie! mon cher Myrphon! il m'envoie!... Oh! je le reconnais bien là!... *(À l'Athénien.)* Vous voyez bien, l'ami, que vous aviez mal compris; sans moi cependant, vous alliez faire courir le bruit... Et dis-moi, Myrphon, que m'envoie-t-il, cet homme pour qui le sacrifice de ma fortune serait bien peu de chose?

MYRPHON.

Il vous offre, par mes mains, le moyen de lui rendre un service de la plus extrême importance; un événement qu'il n'a pas prévu, le met dans la nécessité de vous emprunter une somme que votre amitié pour lui se hâtera sans doute de...

LUCIDÈS, *gaiement.*

Que j'aime mon bon ami Timon, dans les plaisanteries que son esprit lui inspire! celle-ci par exemple, est excellente... feindre de m'emprunter de l'argent... Pour la rendre complète, j'aurais presqu'envie de lui en prêter, cela ferait une scène vraiment comique; et qui sait, si quelque Aristophane[113] ne s'en saisirait pas pour la mettre sur le théâtre? qu'en penses-tu, toi, Myrphon?

MYRPHON.

D'honneur, rien n'est plus sérieux... Son embarras est extrême. Pardon, seigneur, si je ne partage pas la gaieté qui vous anime; c'est que l'état déplorable où se trouve mon maître ne me permet pas de rire.

LUCIDÈS, *gaiement encore.*

Comment donc? mais voilà un talent que je ne te connaissais pas. Tu remplis bien le rôle dont tu t'es chargé. Or ça, remettons à un autre jour le dénouement de cette comédie.

MYRPHON, *très sérieusement.*

Je crains bien que le dénouement de cette prétendue comédie, ne soit funeste à mon maître! Seigneur, me croirez-vous, si j'en jure par tous les dieux, quand je vous dirai que l'opulent Timon penche vers l'abîme, et qu'il y tombe si vous ne lui tendez pas la main.

L'ATHÉNIEN, *à Lucidés, qui réfléchit.*

Vous voyez bien, pourtant, que je n'avais pas si mal compris les discours de Lucullime, et que...

---

[113] *Aristophane*: Aristophanes (c. 446–c. 386 BC), Greek comic playwright.

TIMON D'ATHÈNES   113

LUCIDÈS, *avec humeur.*

Taisez-vous, vous auriez mieux fait de passer votre chemin, que de vous arrêter dans la rue pour espionner; sans vous, j'aurais appris plus tard le désastre de mon ami, et c'eût toujours été autant de temps pris sur la douleur qu'il me fait éprouver!... *(À Myrphon.)* Je suis bien malheureux de m'être dégarni, dans une si belle occasion qui s'offrait pour montrer toute l'honnêteté de mes sentiments! quel étourdi je suis, d'avoir été jeter mon argent pour acquérir une malheureuse petite terre il y a deux jours,[114] et de perdre aujourd'hui le plus beau moment de ma vie... Quelle sottise à moi! j'allais moi-même envoyer demander quelque argent à Timon pour compléter la somme que j'ai à donner pour cette malheureuse acquisition; mais pour tout ce qu'il y a de richesses dans Athènes, je ne voudrais pas à présent l'avoir fait. Recommande-moi à ton maître dans les termes les plus tendres... Je me flatte que je ne perdrai rien de son estime, lorsqu'il verra l'impossibilité absolue où je suis de l'obliger; dis-lui de ma part, que je mets au nombre de mes plus grands malheurs, celui de ne pouvoir lui être utile, comme je le désirerais... Me le promets-tu, me feras-tu l'amitié de répéter à Timon mes propres paroles.

MYRPHON.

Oui seigneur, je serai l'écho fidèle de vos expressions...

LUCIDÈS.

La reconnaissance! Myrphon, la reconnaissance! oh! c'est le devoir le plus sacré d'un homme juste! c'est le charme le plus délicieux d'un homme sensible! *(Il sort d'un côté et l'Athénien de l'autre.)*

SCÈNE V.[115]

MYRPHON *seul.*

La reconnaissance! la reconnaissance!... le chien de mon maître en a plus que lui; et ce chien n'est pourtant qu'un animal!... Quand je pense que Timon à longtemps servi de père à ce Lucidès, qu'il a rétabli sa fortune par ses libéralités, que le logement qu'il occupe, les vêtements qu'il porte, les esclaves qui le servent, et jusqu'à l'argent avec lequel il entretient une courtisane, sont tous des dons qu'il

---

[114] Shakespeare's Lucius is far vaguer; with perhaps deliberate textual obscurity, Shakespeare has him speak only of having purchased 'a little part' (*ToA*, III. 2. 48).
[115] In *ToA*, it is the servant Servilius who exits, leaving Lucilius and the Strangers to reflect on Timon's ruin. As he had done with Eupolis at the start of the act, Mercier allows the slave Myrphon a monologue that contrasts his own moral integrity with the ingratitude of the wealthy Athenian senators.

doit à la générosité de mon maître… et qu'il l'abandonne en se jouant des mots les plus sacrés… Je ne conçois plus rien à la nature humaine. *(Il entre chez Timon.)*

SCÈNE VI.[116]

SEMPHRONIDE et DÉMOCÈDE, *arrivant ensemble.*

SEMPHRONIDE, *avec humeur.*

Et pourquoi m'importuner, moi, par préférence à tous autres? ne pouvait-il pas s'adresser à Lucidès, à Lucullime, à Ventidiaque? à ce Ventidiaque surtout qu'il a délivré de la prison, et qu'une succession vient d'enrichir?[117] voilà trois hommes qui doivent à ton maître tout ce qu'ils possèdent.

DÉMOCÈDE.

Hélas! seigneur, il s'est adressé à tous trois, et tous trois l'ont éconduit… Prières nulles… C'est un fait malheureusement vrai.

SEMPHRONIDE.

J'entends. Ses amis, comme autant de médecins qu'il appelle l'un après l'autre, l'ont tous abandonné. Et il faut que ce soit moi que l'on charge de cette cure désespérée? j'ai lieu d'être surpris d'un tel procédé! n'était-ce pas moi qu'il devait implorer le premier dans le besoin qu'il éprouve? devait-il me reculer assez loin dans son souvenir, pour que je ne fusse plus que le dernier à le secourir? Non, Démocède, non, il a tort, il a outragé ma délicatesse. Une pareille conduite marque trop peu de confiance en moi! et comment n'a-t-il pas senti qu'il n'en fallait pas davantage pour me rendre un objet de mépris dans tout Athènes, et me faire passer, parmi nos plus illustres citoyens, pour un homme sans sensibilité, sans principes, moi, qui pour l'honneur de mes sentiments, suis connu, j'ose le dire, jusqu'aux extrémités de la Grèce. Retourne, et à la froide réponse de ses amis, ajoute celle-ci; que ne s'étant pas adressé à moi le premier, Timon sache que je ne veux pas être confondu avec la tourbe qui hantait son palais. *(Il sort.)*

SCÈNE VII.[118]

DÉMOCÈDE *seul, reste comme ébahi.*

À merveille! mon honneur! ma délicatesse! mes principes! de quels noms de vertu il pare sa profonde perversité! quelle hypocrisie! qu'il ressemble parfaitement à ceux qui, sous le voile d'un patriotisme ardent, mettent tout un pays en feu; tel

---

[116] This scene is modelled closely on *ToA*, III. 3. 1–27, although Shakespeare sets this scene at or near Sempronius's house.

[117] These events are an indication that Mercier's play does not obey the unity of time.

[118] Timon's Third Servant has an equivalent monologue in *ToA*, III. 3. 28–42, but the content is quite different, and less political.

est donc le caractère de cet ami politique insidieusement vendu à l'intérêt... C'était pourtant sur lui que mon maître formait sa plus solide espérance; tous ont déserté, et voilà le fruit qu'il recueille de ses largesses... Mais qu'entends-je?... C'est la horde infernale de ses créanciers. Ils ne sont pas comme ses amis, eux, ils ne l'abandonnent point. *(Il entre chez Timon.)*

SCÈNE VIII.[119]

MERCIDE, EUPHRÊME, NOLIMAS, CIRCIDÈS, *et un grand nombre d'autres créanciers de Timon, arrivent de différents côtés.*

MERCIDE, à part.

Quelle foule!... Tous ces gens-là, à leur figure allongée, m'ont bien la mine d'être mes confrères. Dissimulons. *(Haut.)* Bonjour, Euphrême; par quel hasard nous trouvons-nous à la porte de Timon?

EUPHRÊME.

Je pense, Mercide, que le même objet nous y rassemble. Je viens ici, à ne vous rien taire, pour me faire payer.

NOLIMAS.

En ce cas, mon cher, nous allons donc former une société; car *(montrant les autres créanciers)* je pense que le même sujet nous y amène tous; c'est aussi de l'argent que je viens chercher, et je suis pressé.

MERCIDE, à part.

Sauraient-ils déjà la ruine de Timon?... J'aurais dû les devancer, en venant ici de meilleure heure! Timon ne pourra jamais contenter tout ce monde-là. *(Haut.)* Dites-moi, Circidès, quelle heure croyez-vous qu'il soit?

CIRCIDÈS.

Mais... je crois qu'il est près de dix heures.

NOLIMAS.

Camarades, si cela est, ne tardons plus à entrer chez le seigneur Timon. Il doit être visible. Il a coutume, comme le soleil, de se lever de grand matin.[120]

---

[119] Cf. *ToA*, III. 4. 1–76; Shakespeare sets this scene (as Mercier does with the whole act) outside Timon's house.

[120] An indication that this act is set in the morning — as the equivalent scene is in Shakespeare, where one character specifies the time as 'Labouring for nine' (*ToA*, III. 4. 8).

EUPHRÊME, *d'un ton mystérieux.*

Comme le soleil, soit; mais si la course de l'homme prodigue est radieuse, comme celle du soleil, elle ne se renouvelle point chaque jour dans le même éclat...

NOLIMAS.

Qu'est-ce donc qu'il veut nous faire entendre avec sa course du soleil?

EUPHRÊME, *du même ton.*

Que je crains que le flambeau de ses beaux jours ne soit bientôt obscurci; que cette journée-ci ne soit bien nébuleuse, et pour lui et pour nous; et que Timon enfin, naguère couronné de fleurs printanières, ne voie plus autour de lui, que l'aridité et les glaces de l'hiver.

NOLIMAS.

Voudriez-vous bien, Euphrême, vous expliquer de manière à vous faire encore mieux comprendre? et nous dire ce que vous entendez par votre printemps et votre hiver?

EUPHRÊME, *du même ton.*

Ce que je voudrais me cacher à moi-même.

CIRCIDÈS.

Non, il faut tout nous dire; il paraît, camarades, qu'Euphrême a plus souvent lu les livres de nos poètes que ses livres de comptoir: mon confrère en arithmétique, laissez-là vos énigmes; Timon, selon vous, est donc ruiné!...

EUPHRÊME.

Voilà le mot décisif.

TOUS ENSEMBLE.

Ruiné!... ruiné!... ruiné!... Oh! ciel! ciel! qui l'eût dit?... qui l'eût cru?

EUPHRÊME.

Archi... ruiné,[121] vous dis-je. Ses amis l'annoncent à tout le monde. Tous ses biens sont dissipés; son crédit est perdu, et le Sénat l'abandonne.

TOUS ENSEMBLE, *avec des cris.*

Entrons!... entrons!... entrons!... entrons!...

---

[121] The prefix 'archi-', denoting extremity, was a relatively recent eighteenth-century invention, first attested in *AF* 1762.

NOLIMAS.

Mon billet à moi est de trois mille écus. Et le vôtre?

CIRCIDÈS.

De cinq mille.

NOLIMAS.

Cela crie vengeance... N'est-ce point là son intendant? il médite de s'enfuir enveloppé de son manteau... Saisissons-le, et puis entrons de force.

TOUS, *avec des cris*.

Oui, oui, forçons les verrous et entrons.

SCÈNE IX.

LES MÊMES. EUPOLIS *à la porte de Timon, et empêchant les créanciers d'entrer.*

EUPOLIS.

Arrêtez donc! arrêtez donc! où voulez-vous aller avec vos cris de bacchanales?... Mon maître, depuis la trahison de ceux qu'il croyait ses amis, n'est pas en état de parler à personne; sa tête est bouleversée; sa santé est dérangée. Il veut garder sa maison.

MERCIDE.

Comment donc! la sottise de n'avoir pas su garder son argent lui donne-t-elle le droit de garder invisiblement sa maison? elle appartient présentement à ses créanciers. Par Jupiter, il faudra bien que là ou ailleurs il paraisse pour nous payer!... Je veux l'interroger... Je veux le voir...

EUPHRÊME.

Je déclare, moi, que, semblable à la statue au dieu Therme[122] que j'ai dans mon jardin, je ne quitte point la porte de ton maître, que je n'en aie reçu les gages des sommes qu'il me doit.

TOUS ENSEMBLE, *avec des cris*.

Ni moi! ni moi! ni moi! ni moi!... J'attendrai ici les fêtes de Minerve...[123]

---

[122] *Therme*: not a Greek but a Latin god, Terminus, guardian of borders; he is typically represented by statues lacking arms and legs to denote stasis.
[123] The Panathenaia, a festival in honour of Athena (Minerva in Latin) was held in Athens every July.

EUPOLIS.

Vous tous qui voulez ressembler au dieu Therme, imitez donc son silence. Aussi bien tous vos cris sont inutiles. Je vous ai déjà dit que mon maître est dans un étrange abattement, que sa santé est très altérée, et qu'il est obligé de garder la chambre.

CIRCIDÈS.

Malade! malade!... C'est justement pourquoi il faut qu'il nous paie. S'il allait mourir pour se tirer d'embarras!

MERCIDE.

C'est nous tous alors qui nous y trouverions; non, de par tous les dieux! non, il me faut mon argent, et tout à l'heure.

TOUS ENSEMBLE.

Moi, le mien! moi, le mien! moi, le mien!

On entend des voix confuses sortir de la maison de Timon:

Au secours!... au secours! au secours!... Ô mon maître!... mon pauvre maître.

MERCIDE.

Est-ce que le feu prend à la maison de Timon? il ne nous manquerait plus que cela!

SCÈNE X.[124]

LES MÊMES. TIMON, *dans une espèce de délire, ses vêtements en désordre, paraît à la porte de son appartement, entre ses esclaves effrayés et Flavidias, qui fait de vains efforts pour l'empêcher de s'élancer. Le peuple se rassemble.*

TIMON.

Laissez-moi!... Laissez-moi!, vous dis-je!... Mes portes se ferment-elles aussi devant moi, comme le cœur de mes faux amis? ma maison est-elle devenue la prison funeste de son maître?[125] *(Il s'avance après s'être dégagé des bras de Flavidias.)* Les monstres!... comme ils ont trahi les devoirs les plus sacrés de l'amitié dont je les croyais les modèles!... Avec quelle indignité ils ont repoussé

---

[124] This scene develops and amplifies *ToA*, III. 4. 77–100.
[125] These opening lines are based on *ToA*, III. 4. 77–81; the rest of Timon's speech is Mercier's invention.

la main suppliante de celui qui n'ouvrait jamais les siennes, que pour les combler de bienfaits!... Ah! la douleur la plus cruelle de ce cœur déchiré est d'être forcé d'avouer qu'ils en étaient indignes!... Douce chimère de l'amitié! va donc te perdre dans l'ombre des êtres fantastiques; et toi, noir spectre de l'ingratitude, viens la remplacer à mes yeux!... Sois une des Euménides,[126] sortie des enfers, pour s'attacher à mes pas, et faire le tourment du reste de ma vie! *(À un de ses esclaves.)* Qui sont tous ces gens-là, dont les regards sinistres me lancent des flammes?... Tu te tais!... *(Le prenant à la gorge.)* Parleras-tu?...

L'ESCLAVE, *tremblant.*

Seigneur!... ce sont vos créanciers... qui, sur le bruit que vos amis font courir, de votre ruine, accourent en foule, pour...

TIMON, *troublé.*

Mes créanciers!... mes créanciers, dis-tu?... Je ne croyais pas en avoir; et mon cœur se croyait celui de tous ceux que j'aimais! Ah! la foudre en tombant à mes pieds me fait ouvrir les yeux!... *(Après un silence farouche.)* Oui, je veux aller les trouver, ces traîtres, ces ingrats; fussent-ils cachés de honte dans le sein de la terre, ils ne soutiendront point mes regards; ils fuiront à mon aspect; le remord les poursuivra, et je serai vengé. Marchons. *(Il fait un mouvement pour s'éloigner. Les créanciers s'y opposent.)*

NOLIMAS, *à leur tête.*

Vous ne vous éloignerez pas, de par tous les dieux! nous vous tenons; nous ne vous lâcherons point... nous vous garderons à vue, et vigoureusement... Payez-nous!

CHŒUR DES CRÉANCIERS.

Payez-nous!... Nous attendons... Nous sommes las d'attendre.

FLAVIDIAS, *vivement aux créanciers.*

Misérables! osez-vous humilier ainsi, et dans un endroit public, un homme dont le rang...

CIRCIDÈS.

Nous a trompés!

FLAVIDIAS.

Dont l'opulence...

---

[126] *Eumenides*: see fn 56 above.

NOLIMAS.

Nous a ruinés!

FLAVIDIAS.

Dont le crédit...

EUPHRÊME.

Est entièrement perdu. *(À Timon, avec amertume.)* Noble et puissant seigneur! vous, qui dans vos accès de folles prodigalités, donniez tout à ceux à qui vous ne deviez rien, ne donnerez-vous rien à ceux à qui vous devez tout? voilà mon billet.

NOLIMAS.

Voici le mien.

UN AUTRE.

Et le mien, seigneur.

CAPHIS.

Et les nôtres, seigneur? voyez... voyez.

TIMON, *avec violence.*

Eh bien! coupez ce corps qui me reste, monnayez-le, et payez-vous![127]

CIRCIDÈS, *avec ironie.*

Le mien est de cinquante mille écus.

TIMON, *la main sur la poitrine.*

Poignardez ce cœur, et que cinq mille gouttes de sang servent à vous payer. *(Il marche dans une sorte d'égarement.)* Tenez, prenez-moi, déchirez-moi, j'y consens, et finissez vos importunes clameurs.

MERCIDE, *aux créanciers.*

Mes compagnons! écoutez. Vous voyez bien que s'il était extravagant quand il était riche, il est encore plus fou depuis qu'il est pauvre; mais j'en jure par Hercule! je ne serai pas la dupe de sa folie. Voulez-vous suivre mon conseil? Formons un cortège, et rendons-nous tous ensemble chez les juges, pour qu'ils rendent à lui, son bon sens, et à nous, notre argent.

---

[127] Timon's offering of his body, and the five thousand drops of blood in particular, has its roots in Shakespeare, where Timon insists that 'Five thousand drops' should pay off his debt of five thousand crowns to Lucius (*ToA*, III. 4. 94).

NOLIMAS.

Mercide a raison. Moi je ne veux pas que la justice laisse même un chenet[128] dans ses beaux appartements; nous verrons quand il sera réduit au pain et à l'eau, sur la paille de sa prison, s'il ne trouvera point, pour avoir de l'argent, les moyens qu'il a trouvés pour s'emparer du notre. Allons, partons. Au revoir, seigneur Timon! *(Les créanciers sortent en faisant des salutations ironiques à Timon.)*

SCÈNE XI.[129]
TIMON, *absorbé*. FLAVIDIAS, LES ESCLAVES DE TIMON.

FLAVIDIAS, *aux esclaves*.

Rentrez, vous autres. Je vous dirai tantôt, le parti que vous avez à prendre dans ce bouleversement subit. *(Les esclaves sortent. À Timon, qui sort d'une espèce de rêverie sombre:)* Mon cher maître!…

TIMON, *sans voir Flavidias*.

Ils m'ont mis hors de moi, les misérables… Des créanciers! Des Furies…[130] Leurs accents odieux retentissent encore à mon oreille… C'est un supplice. Ah! si j'apprenais à les congédier, à les éloigner… Si je savais… Pourquoi pas?… Si je prenais ce parti; il est digne d'eux, s'il n'est digne de moi… *(Il marche avec agitation.)* Oui, oui… il faut…

FLAVIDIAS, *qui le suit*.

Mon bon maître.

TIMON, *toujours en marchant*.

Oui… c'est le vrai moyen de leur arracher à tous le masque, en présence les uns des autres, de le leur jeter à la tête, et de leur crier… Monstres! connaissez-vous tous, comme enfin je vous connais!… Alors, je les punis, et comme ils doivent l'être. Alors[131] cette vengeance sera le dernier plaisir de ma vie!… il faut que je le goûte, puisqu'ils ont versé dans mon âme de pareils tourments. Qu'on appelle mon intendant. Holà! quelqu'un!… N'ai-je donc là personne?

---

[128] *Chenet*: an 'andiron' or metal stand for supporting wood in a fireplace.
[129] This scene develops and amplifies *ToA*, III. 5. 1–12, putting greater emphasis on Timon's volatile emotions as he hatches his plan to humiliate the Senators. Shakespeare starts a new scene at this point, relocating the action to the interior of Timon's house.
[130] *Furies*: see fn 56 earlier. As well as being allegorically hounded by the ingratitude of his beneficiaries, Timon is also literally being pursued by his creditors.
[131] *Alors*: this word is missing in *TdA* 1799.

FLAVIDIAS, *à part.*

Quel égarement! *(Haut.)* Me voici, seigneur.

TIMON, *paraissant plus calme.*

Ah! c'est toi!... J'ai bien de la joie de te voir, mon cher Flavidias!... Écoute; va trouver Lucullime, va trouver Lucidès, Semphronide, Ventidiaque, et les autres convives de mon dernier banquet.

FLAVIDIAS.

Eux! *(À part.)* La douleur trouble ses esprits.

TIMON.

Oui, eux; préviens mon cuisinier, qu'il songe à se surpasser... Nous saurons pourvoir à tout, te dis-je; ne diffère point, va et dis-leur en propres termes, que je les invite à se trouver ici ce soir... Que je veux rire avec eux des alarmes qu'a pu leur donner le bruit que j'ai fait courir moi-même, mais par pur amusement, de la chute subite de ma fortune. Dis-leur que j'ai regardé comme une plaisanterie de leur part, le refus qu'ils ont paru faire de me secourir dans ma prétendue détresse. Nous sommes dans le temps des fêtes publiques; et j'ai voulu, à ma manière, en donner une petite à mes concitoyens, pour me réjouir, en me moquant de leur crédulité! Toi-même, *(avec un rire forcé)* Flavidias, ne trouves-tu pas mon invention très joviale?...

FLAVIDIAS, *à part.*

Sa tête se dérange de plus en plus! *(Haut.)* Mon maître!... pensez-donc que dans ce moment-ci, et d'après la scène qui vient de se passer dans cette rue, vous ne trouveriez pas le moyen de donner, même le repas le plus frugal: hélas! après l'éclat scandaleux que la bruyante cohue de vos créanciers vient de faire...

TIMON.

Et toi aussi, mon cher Flavidias![132]... Quoi! voudrais-tu que je t'inscrivisse sur la liste de ces amis, qui, revêtus de mes dépouilles pendant ma vie, me refuseraient, à ma mort, le linceul qui doit m'ensevelir? Ne t'inquiète[133] pas... Je me repose sur toi du soin d'exécuter la commission que je te donne. Je vais de mon côté, pendant ton absence, préparer avec mes esclaves, les moyens de remplir le projet qui me rit... mais beaucoup.

---

[132] A clear echo of Julius Caesar's famous, if apocryphal, line on recognizing Brutus amongst his assassins: 'Et tu, Brute?'.
[133] Here as elsewhere, *TdA* 1799 uses the second person indicative form rather than the imperative.

FLAVIDIAS.

Mais...

TIMON, *affectant de la joie.*

J'ai des ressources... qui te sont inconnues. Console-toi, bon vieillard... Écoute; depuis longtemps j'avais enfoui un trésor au pied d'un arbre. Ainsi, j'ai voulu enchaîner de loin, la capricieuse déesse, parce que je connaissais ce qu'on appelle la fortune... Lis sur mon front le fruit heureux de ma prévoyance, la tranquillité de mon âme... Tu seras témoin de ma nouvelle opulence... Va. *(Il lui parle à l'oreille.)* Hâte-toi.

FLAVIDIAS.

Ce calme!... Cette sérénité!... Est-il redevenu en effet ce qu'il était... Dieux! l'auriez-vous favorisé?... Ah! vous lui devez ce miracle, s'il n'est pas encore accompli. Allons, et remplissons sa volonté, quelque étrange qu'elle nous paraisse.

FIN DU TROISIÈME ACTE.[134]

ACTE IV.

SCÈNE I.[135]

Le théâtre représente un des salons de Timon. Dans le fond est une table préparée pour faire un festin.

LUCULLIME, LUCIDÈS, SEMPRONIDE *et plusieurs autres sénateurs muets, qui, par leurs gestes applaudissent à ce que disent les interlocuteurs.*

LUCULLIME.

Je vous salue, Lucidès. Hé bien! la nouvelle qui alarmait si vivement tous les amis de Timon?

LUCIDÈS.

Est fausse, absolument fausse. J'en suis sûr, car son intendant m'a dit que la fortune de son maître ne fût jamais mieux affermie. Et n'est-ce point là la réflexion que je faisais en vous abordant, seigneur Lucullime? je vous jure que je n'ai jamais pu croire un moment que Timon fût dans une situation aussi déplorable que celle

---

[134] In *ToA*, there follows here a scene involving three Senators and Alcibiades, culminating in the banishment of the latter; Mercier keeps this event offstage.
[135] Cf. *ToA*, III. 7. 1–24.

dont ses adroits esclaves nous faisaient la pathétique description. Depuis quand la source abondante d'un fleuve tarit-elle en un moment?

LUCULLIME.

Quant à moi, j'ai toujours pensé que Timon avait eu la petite malice de se donner un plaisir tout nouveau, en essayant de nous rendre dupes de sa feinte catastrophe. Cependant, je vous avoue que j'ai été désolé de m'être trouvé dénué de fonds, quand il a dit avoir besoin de mon secours… Combien il m'eût été doux de lui prouver mon dévouement! Pour moi l'amitié est un culte!… Mais je m'aperçois que j'allais faire l'éloge de mon cœur, et qui de vous ne le connaît pas?

SEMPHRONIDE.

Malgré le bruit public, j'ai coutume, moi, de ne juger que par les faits; et le nouveau festin que Timon nous donne est une preuve…

LUCIDÈS.

Qu'on ne peut révoquer en doute. J'avais aussi une idée confuse, qu'il y avait dans tout cela une plaisante erreur.

SCÈNE II.[136]

LES MÊMES. TIMON, *paraissant à la porte du salon.*

TIMON, *à part.*

Les voilà donc!… Qui ne croirait à leurs physionomies, à leurs airs affectueux!… Et qui ne tromperaient-ils pas? Ah! calmons les flots que la fureur soulève du fond de ce cœur outragé! *(Il s'avance vers les sénateurs avec les mouvements d'une sérénité feinte. Haut.)* Dignes sénateurs! le sentiment que j'éprouve, en vous voyant ici… Comment vous portez-vous?

LUCULLIME, *gaiement.*

Toujours à merveille, quand nous apprenons que vous jouissez aussi d'une heureuse santé.

TIMON, *souriant d'un air forcé.*

Oui, ma santé… En effet… Et c'est à vous, mes dignes amis, que je dois le retour heureux, où elle se trouve maintenant… *(À part.)* Ô tourment!…

---

[136] Cf. *ToA*, III. 7. 25–115. Mercier's principal addition to this scene is his liberal use of asides and stage directions to communicate Timon's inner turmoil as he struggles — only half-successfully — to maintain his charade of being a genial host. In Shakespeare, conversely, Timon seems to play this role effortlessly.

LUCIDÈS, *à part.*

Quel est donc ce nouveau ton de voix! Timon semble avoir le visage couvert d'un voile!… *(Haut.)* Je me flatte, seigneur, que vous n'avez aucun ressentiment de ce que j'ai été forcé de renvoyer votre messager, les mains vides; si vous me l'eussiez adressé deux heures plus tôt,[137] c'eût été un bonheur de pouvoir…

TIMON, *d'un air contraint.*

Ah! ne songez donc plus à cela. N'avez-vous pas deviné d'abord que c'était un jeu de ma part? *(Bas.)* Ah! que je souffre!… *(Haut.)* Bonjour, Semphronide! Vous m'obligez en venant me voir… Et l'expression me manque pour vous dire…

SEMPHRONIDE.[138]

Je suis vraiment confus de m'être[139] trouvé si pauvre, lorsque vous envoyâtes l'autre jour chez moi.[140]

TIMON, *toujours contraint.*

Hé! oubliez donc cela, Semphronide… Et croyez que je vous connais, et que je vous rends toute la justice que vous méritez.

SEMPHRONIDE.

Seigneur! votre Démocède a dû vous dire que la délicatesse de mon amitié s'est offensée de ce que, feignant d'avoir besoin de vos amis, vous ne vous soyez adressé à moi, qu'après vous être adressé à tous les autres. Cette préférence, je vous l'avoue, m'a humilié. Hé bien, qu'en est-il résulté? J'ai pris le parti d'entrer dans vos vues et de jouer un rôle dans la petite comédie dont vous vous régaliez. J'ai feint à mon tour, pour bien remplir mon personnage, un refus.

TIMON.

Ah! ah! bon! Vous avez vu tout cela… Je ne pouvais attraper tout le monde. Je vous prie, mes amis, que ce souvenir ne vous empêche point de vous livrer à des idées agréables. Le moment vous y invite, et vous savez que le meilleur festin est nul si la gaieté n'y préside. *(À ses esclaves.)* Apportez tout à la fois les mets que j'ai commandés moi-même, afin qu'il soit distingué, le banquet que j'offre, que je donne à mes bons, fidèles, sensibles amis…

(Les esclaves placent sur la table les plats que Timon leur a fait préparer.)

---

[137] Original: 'plutôt'.
[138] Original: 'SEMPRONIDE'.
[139] *De m'être*: these words are missing from *TdA* 1799.
[140] An indication that at least a day or two has passed since act III.

LUCIDÈS.

Quoi! tous les plats sont couverts!... Je devine. C'est une surprise agréable que Timon veut nous préparer...

SEMPHRONIDE.

Festin splendide! j'en réponds; mais de sa part rien ne nous surprendra plus.

LUCULLIME.

Tout ce que l'argent et la saison peuvent procurer, nous en goûterons... Je le reconnais à ce goût, à cette magnificence!...

SEMPHRONIDE.

Délicieux repas!... Le patron est toujours ce qu'il était.[141]

TIMON.

Allons, que chacun prenne place. Vous serez également bien servis, quelle que[142] soit celle que vous occuperez. D'ailleurs, pourquoi donnerais-je quelque préférence à quelques-uns de vous autres? Ne sais-je pas bien que vous valez tous autant les uns que les autres?

LUCILLIME, *aux sénateurs.*

Préparons-nous à jouir des délices d'un banquet où la générosité du noble Timon ne le cède qu'à la grâce avec laquelle il reçoit ses convives... Tout ici est fait pour charmer également l'appétit, le cœur et les yeux...

(Les convives s'asseyent.)

TIMON, *debout.*[143]

Adressons d'abord nos vœux au Ciel... Dieux immortels! L'homme est né trop ingrat pour sentir vos bienfaits. Gardez-vous, malgré vos présents multipliés, d'attendre rien de leur reconnaissance; ne les répandez pas tous à la fois, si vous ne voulez pas que vos autels soient déserts. Car si vous étiez réduits à emprunter des hommes, les hommes renonceraient bientôt au culte qu'ils vous rendent...

LUCIDÈS, *bas à Lucullime.*

Quel est donc ce ton mystérieux du seigneur Timon? Je lui trouve aujourd'hui un air tout différent...

---

[141] Second Lord: 'This is the old man still' (*ToA*, III. 7. 60).
[142] Both editions have 'quelque'.
[143] This speech closely follows *ToA*, III. 7. 69–83, although Mercier adds the guests' suspicious comments.

LUCULLIME, *bas à Lucidès.*

J'ai fait la même observation.

TIMON, *toujours debout.*

Dieux bons! ne faites pas que le festin soit plus aimé que l'hôte qui le donne. Ni que la gourmandise prenne l'accent de l'amitié... Vous lisez dans les cœurs; abaissez vos regards sur tous mes amis qui sont ici rassemblés; et soyez, ô puissances Suprêmes! Soyez pour eux ce qu'ils sont tous pour moi! et que vos dons à leur égard soient comme le festin auquel ils sont invités!... *(Il fait signe à ses esclaves.)* Découvrez. *(Les esclaves découvrent les plats.)*

SEMPHRONIDE.

Que veut dire ceci? Tous les plats sont vides!...[144]

TIMON, *avec chaleur.*

Oui, vides, comme vos âmes, vos âmes cadavéreuses, que vous disiez remplies pour moi, de tous les sentiments de l'amitié. Dévorez maintenant, dévorez, troupe affamée! Beau cercle d'amis de bouche, vils amants de la fortune et de la bonne chère, vains fantômes sans solidité, loups affables, ours caressants; puissiez-vous n'assister jamais à d'autres fêtes que celle que vous donne aujourd'hui Timon, qui vous méprise, vous hait et vous maudit. Où sont donc présentement vos louanges, vos flatteries, vos lâches et dégoûtants mensonges? rien dans l'estomac, vos langues ne peuvent plus aller... Vous restez muets, étonnés... vous fuyez... *(Tous les convives se lèvent en tumulte.)* Où allez-vous donc, mes bons, mes sincères amis? Attendez, attendez; je veux encore vous prêter de l'argent et non vous en emprunter. Quoi! tous en alarmes et stupéfaits devant le néant des plats. Hé bien vous tous, soyez accablés de mes libéralités. *(Il fait un geste, et ses esclaves lèvent tous les plats et menacent de les jeter à la tête des convives.)*... Honnête Lucullime, prends ta part!... Et toi aussi, tendre Lucidès! Et toi aussi, généreux Semphronide... Et vous tous, bas esclaves à la tête inclinée, au genou prosterné, ridicules automates, attachés au palais du riche... Fuyez... ou mes valets vous assomment.

LUCIDÈS, *troublé et cherchant à s'enfuir.*

Il est devenu fou!... Mon manteau... où l'ai-je mis?

LUCULLIME, *de même.*

Pouvez-vous expliquer quelle est cette fureur? N'avez-vous pas vu ma toque?[145]

---

[144] In Shakespeare the dishes are not empty but contain lukewarm water, and possibly stones (see *ToA*, III. 7. 115).
[145] *TdA* 1799: 'mon toquet'.

SEMPHRONIDE, *de même.*

Elle est inconcevable!... N'avais-je pas là ma ceinture?

(Les sénateurs, en se rencontrant, se heurtent les uns contre les autres.)

1er SÉNATEUR, *froissé par un autre.*

Et mon écharpe? Prenez donc garde! Hâtons-nous de sortir d'ici.

2e SÉNATEUR.

Que ne suis-je loin... Voulez-vous me renverser? Qu'il est lourd!...

3e SÉNATEUR.

Beau repas!... Holà, donc, vous m'estropiez!... ma jambe.

4e SÉNATEUR.

Aïe!... Aïe!... Mon bras.

5e SÉNATEUR.

Ma tête!...

6e SÉNATEUR.

Mon épaule!...

TIMON, *à ses esclaves.*

Chassez, chassez cette meute hurlante, dévorante. Il n'y a plus ici de proie pour elle.[146]

(Les esclaves chassent les sénateurs et sortent avec eux.)

LUCULLIME, *avant de sortir.*

Suivez-moi: rendons-nous au Sénat; il vengera l'affront fait à ses plus illustres membres.[147]

---

[146] In act II, Timon had gone on a literal hunt with his lordly companions and Alcibiades; now, in an image absent from Shakespeare, the aristocrats have become the hunted and the slaves the hunters.

[147] The Senate's desire for vengeance is Mercier's invention; see the Introduction.

SCÈNE III.[148]

TIMON, seul.

Qu'il périsse, ce Sénat discordant, ces sénateurs toujours prêts à trahir ou à mentir! Que font-ils? ils absolvent l'homicide, et tuent l'homme probe.[149] Ah! que leur ivresse doit être dangereuse pour l'état. Mes vins ne les enflammeront plus; ils iront ailleurs fomenter leurs détestables factions. Les voilà, ces audacieux hypocrites qui de la liberté ont fait une tête de Méduse.[150] Tous ont fait le mal, ou l'ont souffert lâchement. *(Il s'arrête un moment, et dit ensuite:)* Tu pleures, Timon! Tu pleures!... Ah! tu sens que la vengeance que tu implores ne te rendra point la douce illusion du sentiment qui faisait le charme de ta vie! L'idole que tu adorais est tombée de l'autel! *(Il se promène en silence, et dit ensuite:)* Non... La honte d'avoir été trompé par des flatteurs dont j'étais le ridicule jouet n'humilie point mon amour-propre! hélas! ma crédule inexpérience ne soupçonnait pas dans l'âme des autres une dureté que je ne trouvais pas dans la mienne. Non, l'édifice de ma fortune en s'écroulant n'ébranle point la fermeté de mon caractère. L'indigence ne m'épouvante pas. Je n'aimais dans cette fortune que l'heureux pouvoir de la répandre sur ceux qui m'ont fait éprouver le besoin d'aimer. Mais, cruellement détrompé, me voir condamné au tourment de ne plus rien aimer!... Que dis-je? je sens que la douleur, étouffant dans mon cœur tous les germes d'une passion que j'idolâtrais, va désormais y faire circuler tous les poisons de la haine; je sens avec effroi que je suis prêt de[151] l'étendre sur tout le genre humain... Haïr! haïr! cela est affreux... Mais ce sentiment... C'est le seul hélas, qui m'attache encore à la terre! oui, ne pouvant plus aimer, il faut que je haïsse... Horrible volupté! Dieux! Ce n'est qu'en devenant monstre, à l'exemple de tous ceux qui m'entourent, que je deviendrai, je crois, moins misérable. *(Il tombe anéanti.)*

---

[148] This monologue is Mercier's invention; in Shakespeare, Timon leaves the stage before the Senators, and the scene ends with their departure.
[149] This claim seems to have no direct justification in Mercier's play, and little historical precedent either; the Greek legal system rarely used execution. Shakespeare's Senators had pressed for the execution of an accused man in *ToA*, III. 6, although his guilt is impossible to establish. The line can best be read either as a sign of Timon's growing irrationality or as Mercier's displaced critique of the excesses of the Revolution.
[150] Medusa was a Gorgon whose gaze, even after Perseus cut her head off, was able to turn onlookers to stone. It is not entirely clear what Timon means by this analogy, which is not found in Shakespeare. *L* 1873 gives the phrase 'Ce fut pour moi la tête de Méduse' to mean 'je fus frappé de stupeur', so Timon's implication might be that the Senators stun and paralyze others with their talk of liberty.
[151] *Prêt de*: normally this would be 'prêt à', although this form often appears in the early modern period, perhaps by analogy with 'près de'.

SCÈNE IV.

TIMON, ALCIBIADE.[152]

ALCIBIADE, *fortement agité.*

M'exiler![153]... Moi dont ce bouclier les a si souvent défendus contre les javelots de l'ennemi! M'exiler!... Les ingrats! Ils ont banni Phocion.[154] C'était un philosophe; il leur pardonna. Alcibiade n'ambitionne point cet effort d'une vertu sublime. Non, combattre, voilà son plaisir; vaincre, voilà sa gloire; se venger, voilà son devoir... et je le remplirai. Leur injuste décret manquait à ma gloire: Oui, j'en jure par ce glaive. Je détruirai la caverne que le peuple trompé appela si longtemps le temple de la Justice; là des brigands affamés d'or, de sang et de domination, pillent, égorgent ou flétrissent ceux de leurs concitoyens dont ils redoutent les vertus, ou dont ils convoitent les richesses. *(D'un ton plus calme.)* Mais dans l'indignation qui me trouble, j'oublie que je suis chez Timon... Le voilà, le malheureux, dont on publie partout le désastre! *(Il s'avance.)* Timon, je vous plains bien sincèrement, et je désire que mon amitié...

TIMON, *se levant très vite.*

L'amitié!... Quel mortel ose encore prononcer en ma présence ce mot qui fait sur moi, l'effet que produit le blasphème, sur une oreille pieuse...

ALCIBIADE.

Timon, reconnaissez la voix d'Alcibiade. Instruit de votre malheur, je suis venu vous apprendre le mien; et vous faire mes adieux, avant de me rendre au lieu où le Sénat vient de m'exiler.

TIMON.

Le Sénat vous exile!... Quoi! le héros de la Grèce! celui dont les trophées ornent les colonnes du temple de Mars![155] celui qui couvre Athènes des rayons de sa gloire! celui...

---

[152] This scene is Mercier's invention. It serves above all to emphasize the apparently wilful injustice of the Senators, and the vengeful plans that their injustice awakens in Alcibiade and, shortly, Timon. We should note, however, that both men, at this stage at least, want revenge above all on the ruling class, not on the normal Athenian citizens (whose saviour Alcibiade imagines himself to be). Timon, too, is not (yet) universally misanthropic, restricting his desire for vengeance to his 'vils et cruels ennemis' and those 'hommes pervers' who want to 'usurper la puissance'.

[153] In Shakespeare, Alcibiades is banished by the Senate after angering them while pleading for the life of a junior officer accused of killing a man in 'hot blood' (*ToA*, III. 6. 11). Mercier gives no reason, nor even a pretext, for his seemingly arbitrary banishment.

[154] *Phocion*: if Mercier is thinking of the Athenian statesman of that name (*c.* 402–*c.* 318 BC) there is an anachronism, since this Phocion was born two years after Alcibiades's death.

[155] *Mars*: Ares, Greek god of war.

ALCIBIADE.

Mais puisque je vais vivre loin d'eux, ce n'est pas un malheur. D'ailleurs, cet affront est fait pour allumer toute mon indignation et pousser mon bras à frapper ses coups sur Athènes. Je vais ranimer le courage de mes troupes mécontentes, et gagner leurs cœurs.[156] Il y a de la gloire à combattre de nombreux ennemis; et les guerriers ne doivent pas plus que les dieux souffrir qu'on les offense impunément.

TIMON.

Dieux immortels! faites qu'il précipite sa vengeance sur la tête de ces hommes pervers, qui craignent le regard de tous ceux qui ne leur ressemblent pas.

ALCIBIADE.

Ma vengeance ne tardera point; et j'aime à croire que les immortels ont choisi mon bras pour en être l'instrument terrible.

TIMON.

Quelle harmonie douce et nouvelle retentit à mon oreille!... Alcibiade, tu es pour moi le génie de la justice, descendu des cieux pour m'annoncer le châtiment de mes vils et cruels ennemis.

ALCIBIADE.

Les malheureux Athéniens plongés dans un abîme de maux tourneront les yeux vers Alcibiade.

TIMON, *vivement.*

Sans doute, joli garçon! corrige ces insensés d'Athéniens, tu es né pour châtier Athènes; les esprits y sont dans le délire; punis ces misérables factieux qui veulent usurper la puissance. Voilà tout ce que je désire. Mais toi, Alcibiade, viendrais-tu me flatter... écoute, l'adversité m'a éclairé; elle m'a appris à ne faire dépendre que de moi seul toutes mes espérances.

ALCIBIADE.

Je suis ton ami et te plains...

TIMON.

Que me dis-tu!... Tu ne sais donc pas que je ne veux plus avoir d'amis... Des amis! il n'y en a jamais eu... Va, laisse-moi; car j'aimerais mieux être seul. *(Il s'éloigne.)*

---

[156] TdA 1794: 'leur cœurs'.

ALCIBIADE.

Le poids de l'infortune qui pèse sur sa tête a troublé sa raison. N'aggravons point ses maux, et courons étouffer ce foyer de discordes où sous le faux nom d'amis du peuple, sont les plus grands ennemis de la liberté publique.

(Alcibiade se retire en faisant quelques gestes de compassion, et Timon va s'asseoir dans un fauteuil, la tête penchée dans ses mains.)

SCÈNE V.[157]

TIMON, FLAVIDIAS, *enveloppé dans son manteau.*

Les esclaves de Timon le suivent dans différentes attitudes douloureuses. Il se fait un moment de silence. Le jour commence à baisser. La lumière du salon s'affaiblit par degrés.

FLAVIDIAS, *tristement, aux esclaves.*

Mes enfants, je vous l'ai déjà dit: retirez-vous; votre présence ne peut que lui rappeler le souvenir douloureux de l'état brillant qui n'existe plus pour lui. Vous le voyez, tout le monde l'abandonne.

EUPOLIS.

Qui dans le monde entier aurait cru Timon si près de sa ruine? tout est-il perdu, désespéré? Ne reste-t-il rien?

FLAVIDIAS.

Dans la situation déplorable où il se trouve, il ne peut pas même payer le reste de vos gages.[158]

MYRPHON.

Une pareille maison renversée!... Un si généreux maître, précipité dans la misère! et pas un seul de ses amis qui tende les mains à son infortune!

---

[157] Cf. *ToA*, IV. 2. 1–51. As in Shakespeare, the underclass shows more genuine humanity and affection towards Timon than the aristocrats and Senators. Whereas Timon is absent at this point in Shakespeare, however, Mercier perhaps compromises the scene's poignancy by keeping Timon onstage throughout (even if we are invited to assume, as the slaves do, that he is indeed too wrapped up in his own thoughts to follow their conversation).
[158] This scene is based on an anachronism, since Athenian slaves were unpaid.

FLAVIDIAS.

De même que nous tournons le dos à notre camarade dès qu'il est jeté dans la fosse, ainsi ses amis, en voyant son opulence disparaître, s'échappent tous loin de lui…

DÉMOCÈDE.

Mais nous avons encore tout ce qu'il nous a donné.

MYRPHON.

Sans doute.

DÉMOCÈDE.

Eh bien, nous pouvons reconnaître les bontés qu'il a toujours eues pour nous; notre tour est venu d'être aussi bons que lui, du moins autant que nous le pouvons.

MYRPHON.

Je fais une réflexion; peut-être qu'il rougirait de recevoir quelque chose de ses esclaves. Flavidias, vous qui aviez la garde de son trésor, vous pouvez feindre d'y avoir trouvé l'argent que nous allons tous remettre.

DÉMOCÈDE

Bien dit. Qu'il ne sache pas même que cela vient de nous. *(Il présente une bourse à Flavidias.)* Tenez, prenez, c'est là-dedans que nous avons rassemblé depuis douze ans…

FLAVIDIAS, *ému et refusant.*

Âmes honnêtes, braves amis! après tout ce que j'ai vu ici, votre procédé me touche infiniment; mais je dirai qu'il m'étonne, et qu'il étonnera beaucoup le malheureux Timon.

MYRPHON.

Et pourquoi? si la fortune a voulu que nous fussions relégués dans une classe avilie, en revanche la nature a voulu que nous nous relevassions à notre gré, par nos sentiments. On voit tant de nobles penser comme des esclaves, pourquoi des esclaves ne penseraient-ils pas aussi comme des nobles?

FLAVIDIAS.

Mes honorables amis, encore une fois, je vous en conjure, retirez-vous. Je vous appellerai quand je croirai que vous pouvez vous présenter devant lui.

SCÈNE VI.[159]

TIMON, FLAVIDIAS.

FLAVIDIAS, *à lui-même.*

Sa fortune renversée... ce n'est rien encore; comment lui annoncer une plus terrible nouvelle? quel moyen prendrai-je pour lui apprendre que le Sénat, par le décret infamant qu'il vient de lancer contre lui, à la sollicitation de ceux qu'il aimait le plus...

TIMON, *se levant de son fauteuil, dit avec une joie amère.*

Flavidias! félicite-moi. Je souris maintenant avec dédain sur tous les maux qui m'arrivent. Je me réjouis, en pensant qu'il n'est plus au pouvoir du sort d'en augmenter le nombre. J'éprouve un plaisir qui m'était inconnu, en bravant sa rigueur, en le défiant avec fierté, de me porter de nouveaux coups. Je retrouve tout dans le néant de tout.[160] *(Il se promène avec un air de satisfaction.)*

FLAVIDIAS.

Ferai-je évanouir, en lui montrant l'affreuse vérité, la chimère qui, dans ce moment, le trompe, mais le console? lui arracherai-je le funeste et dernier plaisir dont il croit jouir? non, jamais je n'aurai ce courage. *(Il s'éloigne.)*

TIMON.

Où vas-tu, Flavidias?... Hélas! tu crains la contagion de mon malheur, et tu fais bien... *(À lui-même.)* Ma tête a donc le pouvoir de celle de Méduse? elle pétrifie ceux que je regarde! Va, Flavidias, va, je ne regrette point ma prospérité, puisque je ne serai plus environné de vaines peintures, telles que mes faux amis.

FLAVIDIAS, *les larmes aux yeux, à part.*

Ah! s'ils n'avaient été que faux!... Faut-il donc que ce soit ma main qui lui arrache le bandeau qui lui cache le plus grand de tous ses malheurs!

TIMON.

Qu'as-tu? je te l'ai dit que je me trouvais au-dessus des coups du sort. Que je n'en avais plus rien à craindre.

FLAVIDIAS.

Hélas! vous vous trompez!

---

[159] This scene — like Timon's banishment, announced here — has no direct equivalent in Shakespeare. Timon's last encounter with his steward Flavius is in *ToA*, IV. 3. 454–531.
[160] The newly misanthropic Timon here anticipates by two acts his moribund counterpart's claim towards the end of *ToA* that 'nothing brings me all things' (V. 2. 73).

TIMON.

Je me trompe! et quel est ce nouveau revers? parle... Me voilà déjà fait au malheur... Achève.

FLAVIDIAS.

Le Sénat vient de rendre un décret qui vous chasse d'Athènes.

TIMON.

Moi! et sur quel prétexte?

FLAVIDIAS.

Sur ce que votre grande opulence a donné l'exemple, sur ce que vous avez hâté les progrès de la corruption publique, tandis que votre plus grand crime est d'avoir trop enrichi d'artistes, trop fait de bien. *(Ici Timon tombe dans une espèce de stupeur, et Flavidias continue.)* J'ai vu Lucullime, Lucidès, Semphronide, s'empresser à faire prononcer ce décret flétrissant. Je les ai vus étincelants d'une joie barbare, remettre dans les mains de vos avides créanciers, le pouvoir du se saisir du dernier de vos meubles. Leur cohorte va assiéger votre maison et déjà le peuple assemblé applaudit à leur insolent triomphe.

TIMON.

Qui osera désormais être bon, puisque la bonté, qui fait les dieux, engendre tant d'ingrats?[161]

FLAVIDIAS.

Au milieu de ces cris tumultueux, j'ai traversé la foule, couvert de mon manteau, et je viens, ô mon maître, vous demander...

TIMON, *d'un ton calme, mais sombre.*

Dans la fierté d'une âme droite et pure, je fuis pour jamais cette ville odieuse, repaire de mes monstrueux amis... Des racines, des racines... Un désert... Une bêche et un hoyau...[162] justes dieux! voilà tout ce qu'il me faut... La nature de l'homme est perverse; tout est oblique et faux dans le cœur humain.[163] Maudites soient les fêtes, les sociétés et les assemblées des hommes... ils se réunissent pour se pervertir. Timon hait et méprise son semblable, et se hait lui-même.[164]

---

[161] See Introduction, p. 13.
[162] *Hoyau*: a ploughshare (in this case, presumably a hand-held blade).
[163] The Old Man uses the exact same phrase (*VTF*, II. 8).
[164] 'Therefore be abhorred | All feasts, societies, and throngs of men! | His semblable, yea, himself, Timon disdains' (*ToA*, IV. 3. 20–22); Shakespeare's Timon says this in the forest, while digging for roots.

136   TIMON D'ATHÈNES

FLAVIDIAS.

Ah! j'accompagnerai vos pas, mon cher et honoré maître... Je vous servirai toujours avec le plus tendre dévouement... Je veux vous suivre...

TIMON.[165]

Non... Tu es né de la femme...[166] Pas un seul mot de plus... Je ne puis plus rien aimer. Si tu crains mes malédictions... Fuis... Ne fréquente jamais les hommes, et que je ne te voie plus...[167] Oh! que l'espèce humaine est vile!

FIN DU QUATRIÈME ACTE

ACTE V.

SCÈNE I.[168]

Le théâtre représente une épaisse forêt. On y voit une caverne obscure, à l'entrée de laquelle se trouvent[169] *une grosse pierre et les habits d'un esclave.*

TIMON, *seul.*

Caché dans le fond ténébreux de cette caverne, c'est là que je pourrai vous échapper, monstres à face humaine, plus redoutables pour moi que les bêtes féroces, dont les sourds rugissements se prolongent dans l'épaisseur de cette forêt: habits de la pauvreté, je ne vous quitterai plus.[170] Ô nuit! accours; cache-moi le genre humain; cache-moi l'homme, cet être hideux; cache moi ses crimes... *(Il*

---

[165] This brief final speech distils various moments from *ToA*, IV. 4. 485–531. Mercier removes the ambivalence that Shakespeare's Timon feels towards his servant. In Shakespeare, Timon makes an exception for Flavius and tries to enlist him as a misanthrope in turn, telling him to 'Hate all, curse all, show charity to none' (*ToA*, IV. 4. 522).

[166] 'Surely this man | Was born of woman' (*ToA*, IV. 4. 489). While Shakespeare's Timon uses the phrase to express his surprise at finding in Flavius 'one honest man', an exception to his 'exceptless rashness' (*ToA*, IV. 4. 492; 490), Mercier's simply uses it as justification for rejecting his slave's company.

[167] 'If thou hatest curses, | Stay not; fly, whilst thou art blest and free: | Ne'er see thou man, and let me ne'er see thee' (*ToA*, IV. 4. 530–31).

[168] Timon's soliloquy here combines elements of Timon's two act IV monologues (*ToA*, IV. 1 and 3).

[169] *TdA* 1794 and 1799 have 'trouve' here.

[170] In his 'habits de la pauvreté', Mercier's Timon is dressed rather more decorously than the 'nakedness' of Shakespeare's (*ToA*, IV. 1. 33). It is unclear whether Mercier's Timon has actually exchanged his clothes for, say, rags, or whether — as the allusion to his 'travail journalier' a few lines later implies — enough time has passed for his clothes to have worn away.

creuse la terre.) Ô terre! cède à mon travail journalier[171] une grossière nourriture. Et que l'homme qui te demande quelque chose de plus reçoive de toi les plus violents poisons... Non, l'homme ne peut supporter une grande fortune, sans méconnaître sa nature; c'est ici que je retrouve toute ma dignité, et que je me sens le droit de mépriser, de haïr l'espèce humaine; c'est d'ici que j'aperçois le torrent des iniquités rouler ses flots impurs dans le sein d'Athènes; ville abominable! ne perds point tes vices;[172] que la femme adultère y brave toujours la pudeur, en commettant le crime, sous les yeux même de son époux; chasteté, sors du cœur des jeunes filles; obéissance, péris dans le cœur des enfants. Crainte, respect, amour des dieux, paix, justice, bonne foi, subordination domestique, tranquille repos des nuits, union des concitoyens, éducation, mœurs, religion; vous êtes disparus, vous êtes anéantis et remplacés par tous les crimes et les désordres contraires... Dépositaires infidèles, plutôt que de rendre l'argent, tirez vos poignards, et coupez la gorge à ceux qui vous demandent des comptes! Serviteurs, volez avec adresse; vos graves maîtres sont des brigands à la large main qui pillent au nom des lois. Jeune fils débauché, pour jouir du trésor de ton père trop lent à mourir, arrache de ses mains sa béquille veloutée et, d'un coup parricide, brise sa tête chauve. Athènes est mûre pour la ruine; dieux! voici l'instant de la frapper... Que du moins je sois toujours loin de toi, cité détestable, peuple d'êtres insensibles ou féroces... L'haleine des Athéniens est mortelle pour moi; je sens qu'elle me tuerait. *(Il creuse la terre.)* Que vois-je, de l'or![173] Ô métal corrupteur, funeste poison des vertus, tu m'as rendu trop malheureux, pour te chercher encore... Voilà de quoi faire condamner l'innocent, justifier le coupable, commander les crimes, et faire calomnier les vertus... Rentre en terre, et restes-y caché pour jamais. *(Il marche.)* Mais qu'entends-je?... Quels sons nouveaux dans ces lieux sauvages!... Qui vient encore me tourmenter jusque[174] dans le creux de cet antre désert?...

---

[171] Several days at least have passed since act IV.
[172] Timon uses here an interesting (and possibly unnamed) rhetorical device that his counterpart in Timon also favours: rather than decry other people's crimes and debauchery, he rhetorically exhorts people — with paradoxical gratuitousness — to commit the sorts of base acts he presumably already assumes they do. These lines are heavily based on *ToA*, IV. 1. 3–21; Mercier omits the later tirade about poison and plague.
[173] The rest of the monologue paraphrases and heavily condenses *ToA*, IV. 3. 24–48.
[174] Both editions give 'jusques'.

SCÈNE II.[175]

TIMON, TIMANDRA, PHRYNIA, ALCIBIADE *en habit de guerrier; des soldats armés, et des instruments militaires l'accompagnent.*

ALCIBIADE, *à sa troupe.*

Reposons-nous un moment sous l'ombre de cette forêt. *(Aux tambours.)* Vous, cessez d'épouvanter les échos de ce lieu solitaire. *(Il s'avance.)* Encore un jour, tu me verras dans tes murs, insolente cité; j'y terrasse le monstre aux cent têtes;[176] j'arrête les proscriptions; le peuple respire libre d'un joug sanglant. *(Il aperçoit Timon.)* Qui est ce mortel dont les vêtements annoncent la plus affreuse misère? Est-ce un esclave échappé aux verges des tyrans de l'Aréopage? C'est Timon!

TIMANDRA.

Il n'est pas reconnaissable.

PHYRNIA.

Est-ce là cet Adonis[177] d'Athènes, dont tous les échos répétaient les louanges?

TIMANDRA.

Quelle métamorphose! non, ce n'est plus le même homme.

PHYRNIA.

Non, certainement.

TIMON.

Je suis toujours le même; mais je n'ai plus d'or… On ne m'aimera plus; c'est ce que je veux, et ce que je désire, surtout de vous… Un peu de haine même, pour prix des vérités que je pourrais vous dire…

TIMANDRA.

Quel ours!…[178]

---

[175] See *ToA*, IV. 3. 49–174. Mercier drastically shortens this scene.
[176] Cf. Timon's earlier allusion to tyrants wanting the whole Republic to have a single head, 'pour avoir le plaisir de la couper' (I. 7).
[177] *Adonis*: mythological youth noted for his beauty. He is not mentioned in *ToA*; Timon's physical attractiveness appears to be Mercier's invention. Spondéas later calls Timon 'le plus beau […] des humains' (V. 4), a phrase that might have previously had some justification but which the courtesans' response here undermines.
[178] To mark Timon's transformation into a misanthrope, he is called a bear — a term previously applied only to Apémentès. See fn 31.

PHYRNIA.

Mais il fait peur! il faudra l'enchaîner.

TIMON.

Le plaisir et la vanité, voilà vos deux idoles; c'est à leurs pieds que vous enchaînez et que vous détruisez chaque jour la vérité, l'honneur, et jusqu'à la bravoure... Vous n'avez d'autre caractère que celui que vous empruntez de vos passions changeantes, mais toujours funestes à la vertu... Voilà mon dernier mot...

ALCIBIADE.

Pardonne-lui, cher Timandra; ses revers ont égaré sa raison. *(À Timon.)* J'ai appris avec douleur comment l'ingrate Athènes, oubliant ton mérite et tes grands exploits...

TIMON.

Tu fais donc la guerre aux Athéniens?

ALCIBIADE.

Oui, Timon, et j'en ai sujet... Tu le sais.

TIMON.[179]

Que les dieux les punissent par ton épée victorieuse... Les lâches! que n'ont-ils pas enduré! Va, que ton glaive n'en épargne pas un seul. Si tes soldats frappent un vieillard malgré ses cheveux blancs, crois que c'est un infâme usurier. Si le fer atteint la matrone, point de remord, rien n'est honnête en elle que ses vêtements, son cœur est prostitué. Allons, suis tes tambours; surtout ne te sépare pas de ces trompeuses beautés; partout, je te le certifie, elles seront plus fatales que ton épée.[180]

PHYRNIA.

Écartons-nous de cet homme odieux.

---

[179] Except for the final sentence, this speech is based on *ToA*, IV. 3. 110–14.
[180] 'This fell whore of thine | Hath in her more destruction than thy sword, | For all her cherubin look' (*ToA*, IV. 3. 62–64). The claim makes more sense in Shakespeare's original, where Timon goes on to speak at length about the bodily corruptions that venereal disease brings; he even gives gold to the two women to 'be strong in whore' (*ToA*, IV. 3. 141) and to spread contagion amongst the Athenians. In contrast, aside from the previous line's allusion to prostitution, Mercier effectively purges the sexual element, making the women mere ciphers of the dangers of deceptive beauty.

TIMANDRA.

Comment a-t-il pu éprouver une aussi étrange révolution?

ALCIBIADE.

Nous ne faisons ici que l'aigrir... partons. Battez, tambours, préludez à mes victoires... Marchons vers Athènes, et que toute tyrannie cesse... Adieu, Timon; si je prospère à mon gré, je reviendrai te revoir.

TIMON.

Je t'en dispense; châtie, châtie seulement l'espèce humaine, corrompue, avilie dans nos murs, dont je voudrais, moi, être l'exterminateur.[181]

ALCIBIADE.

Aux armes! soldats; sonnez, trompettes! que le bruit éclatant de vos sons, en se répandant sur notre route, rallie, augmente le nombre de ceux qui vont avec moi, servir ma vengeance. L'immortelle cause de la République, si longtemps outragée par les plus injustes et les plus méprisables des hommes... Vengeance! c'est elle qui doit nous réconcilier avec toute ta Grèce et l'univers. *(Il sort avec ses courtisanes. On entend une marche militaire, dont les sons diminuent à mesure qu'Alcibiade s'éloigne avec ses troupes.)*

SCÈNE III.[182]

TIMON *seul, après un moment de silence.*

Je respire plus facilement à mesure que ces humains s'éloignent de mon asile. *(Il se promène.)* Ô nature! toi dont le sein fécond enfante et nourrit tout, toi qui, de la même substance dont tu formes le plus odieux de tes enfants... l'homme... engendres la couleuvre bleuâtre, le serpent venimeux, le tigre carnassier, pourquoi n'as-tu pas mis sur le front des pervers, le signe dont tu empreins tes créatures les plus abhorrées? *(Pendant qu'il marche, il voit paraître Spondéas et Pictomane, il s'écrie:)* Encore des hommes![183] quand finira la race humaine? Malédiction sur eux, malédiction sur moi! Ce sont des artistes qui me poursuivent. Dieux! je deviens étranger à moi-même; déjà j'éprouve un sentiment qui ressemble à la haine, et la haine n'était pas faite pour mon cœur. *(Il s'éloigne.)*

---

[181] Combining both universality ('l'espèce humaine') and particularism ('dans nos murs'), Timon's curious formulation here situates the destruction of Athens as a form of sacrificial synecdoche for the destruction for the whole human race.

[182] This scene is Mercier's invention. In *ToA* the Poet and Painter arrive onstage before Timon; here, we see things from Timon's point of view beforehand.

[183] Cf. Timon's 'More man?', uttered before Apemantus's arrival (*ToA*, IV. 1. 196).

SCÈNE IV.[184]
TIMON, PICTOMANE, SPONDÉAS.

SPONDÉAS.

Je vous le certifie, camarade; ainsi que sa banqueroute n'était qu'un artifice pour éprouver la fidélité de ses amis, de même son infortune n'est qu'apparente dans une aussi affreuse solitude; il y a rencontré des trésors.[185]

PICTOMANE.

Des trésors! serait-il possible?

SPONDÉAS.

C'est un fait certain.

PICTOMANE, *à Spondéas*.

Quelque avare, peut-être, qui, craignant que les voleurs...

SPONDÉAS.

Vous le verrez encore fleurir dans Athènes, et briller parmi les plus opulents... Payer des tableaux...

PICTOMANE.

Et des vers... Le voici... Il ne sera pas mal à propos d'aller lui offrir nos hommages.

SPONDÉAS.

Sans doute.... Et de ce pas... *(Ils abordent Timon.)* N'avais-je pas raison de dire que les dieux n'abandonneraient jamais l'honnête et vertueux Timon. Eh! bonjour, mon cher convive, le plus beau,[186] le plus aimable, le plus charmant des humains!

TIMON.

Ah! bonjour, le plus vorace des vautours.

---

[184] Cf. *ToA*, v. 1. 1–113; towards the end of this scene Mercier also brings in some comic material taken from Lucian of Samosata's satirical dialogue *Timon the Misanthrope*.
[185] As in Shakespeare's original, it is never explained quite how the news of Timon's newfound wealth spreads so quickly. In Shakespeare's play, the Poet and Painter at least might have learned the news via Apemantus, who had threatened to expose knowledge of his newfound gold in an earlier scene (IV. 3. 388). In Mercier's play, however, Pictomane and Spondéas arrive before Apémentès, and Timon has not yet revealed his wealth to anybody else.
[186] *Beau*: see fn 177 earlier.

SPONDÉAS.

Il est toujours le même, plaisant, facétieux, toujours l'homme aux bons mots. J'apporte avec moi une chanson à boire, mélodieuse et toute nouvelle.

TIMON, *à part*.

Les misérables ont sans doute cru que j'avais retrouvé de l'or… C'est à coup sûr ce Spondéas qui aura fait ce vers de tragédie: *Qu'il est bon en péril d'abdiquer la vertu!*[187]

SPONDÉAS.[188]

Savez-vous ce que j'ai appris? C'est que le peuple et les magistrats assemblés allaient vous redemander, pour vous accorder les honneurs qui vous sont dus, honneurs tardifs sans doute; et voici le projet de décret que j'ai rédigé en votre faveur: *Vu que Timon a toujours bien mérité de la patrie,*[189] *qu'il a toujours remporté, et en un même jour, les prix de tous les exercices, dans les jeux olympiques…*

TIMON.

Fort bien! je ne m'y suis jamais trouvé, même comme spectateur.

SPONDÉAS.

Eh! qu'importe? n'étiez-vous pas alors, et n'êtes-vous pas encore, maître d'y aller quand il vous plaira? laissez-moi continuer le détail de vos belles actions; je les connais, et personne ne me contredira.

---

[187] This line is taken from a tragedy by Euripides, now lost; according to an anecdote, the immorality of the sentiment provoked the philosopher Socrates to leave a performance of the play in disgust.

[188] From this point onwards, the rest of this scene is largely based on Timon's conversation with his importunate visitor Demeas in Lucian's dialogue *Timon*. Like Spondéas and Pictomane here, Demeas extravagantly praises Timon for various imaginary sporting and military triumphs, before levelling equally ill-founded (and easily disprovable) accusations of arson and robbery at him when Timon rejects his lies. See *Timon; or, the Misanthrope*, trans. by A. M. Harmon, in *The Works of Lucian*, Loeb Classical Library, 8 vols (Cambridge, MA: Harvard University Press; London: Heinemann, 1913–67), II (1915), pp. 326–93 (pp. 382–87). Mercier could have known of Lucian's work through Nicolas Perrot d'Ablancourt's 1654 French translation (which was republished in the eighteenth century), or conceivably through the actor André Brécourt's 1685 adaptation (which was not).

[189] 'On dit, *Bien mériter de son Prince, de l'État, de sa Patrie, des Lettres*, pour dire, Faire pour son Prince, pour l'État, pour sa Patrie, pour les Lettres, des actions dignes de récompense, des choses dignes de louange' (*AF* 1798).

TIMON, *à part.*

Oh! les infâmes! très certainement, ils me croient possesseur de beaucoup d'or.

SPONDÉAS.

Vu que l'année dernière dans la guerre du Péloponnèse, il a fait des prodiges de valeur, et passé au fil de l'épée deux bataillons de Spartiates.

TIMON.

Comment cela peut-il se faire? je n'avais point d'armes alors, et je n'ai pu, en conséquence, m'enrôler avec les autres.

PICTOMANE.

Il est beau, Timon, d'être modeste sous les lauriers, mais vos concitoyens seraient coupables d'ingratitude, envers vous et envers la patrie, s'ils différaient de buriner tant de glorieux exploits.

TIMON, *à part.*

Je ne connais pas deux mortels d'un aussi méprisable caractère... Qu'ils sont bien accouplés!... L'un immolerait le dernier des peintres, l'autre étoufferait son rival, son plus malheureux confrère.

PICTOMANE.

J'ai déjà tracé le dessin du tableau qui sera placé à côté de celui de Minerve, dans la Citadelle.[190] Votre main droite portera un foudre,[191] symbole de votre valeur et de votre éloquence victorieuse. Votre tête sera décorée de rayons éclatants, et de sept couronnes...

TIMON.

Oh! je n'y puis plus tenir; ennuyeux flatteurs, fourbes, hypocrites, lâches, et non moins orgueilleux, vous sentirez toute la pesanteur de mon hoyau. *(Il les frappe.)*[192]

SPONDÉAS.

Ô crime! ô tyrannie! ô liberté! comment tu oses porter la main sur un citoyen, sur un poète fameux, qui fait chanter tout Athènes? Moi, l'âme des fêtes publiques! va, va, tout mon parti criera avec ma muse que tu es un conspirateur,

---

[190] *Citadelle*: the Acropolis, a fortified citadel in Athens containing various buildings, some devoted to the city's patron goddess Athena (hence Pictomane's reference to Minerva).
[191] *Un foudre*: the masculine form was common for the thunderbolts of Zeus and Jupiter.
[192] Timon's violent response is found both in Shakespeare and in Lucian, although some editions of Shakespeare have him throw stones rather than wield his ploughshare.

et le complice soudoyé des ennemis de l'état. Nous te verrons bientôt conduire à la potence...[193] Scélérat, qui as mis dernièrement le feu à la citadelle.

TIMON.

Mon ami, ta calomnie est bien maladroite. La citadelle n'a point été brûlée.

PICTOMANE.

Insigne voleur, tu t'es enrichi en pillant le trésor public...

TIMON.

Il n'a point été pillé.

PICTOMANE.

Il le sera au premier jour par tes conseils, et je dirai qu'on trouvera chez toi tout ce qu'il contenait.

TIMON, *en fureur.*

Vil couple de coquins! Eh bien! prenez ceci d'avance pour votre bonne découverte. *(Il prend un bâton et les chasse.)*

SPONDÉAS.

Ô dieux! dans un pays libre! Il m'a cassé l'épaule. Va, va tu liras la satire que je prépare contre toi... Mon style impétueux te punira... La postérité apprendra...

PICTOMANE.

Je suis blessé à la main, moi, le successeur d'Apelle,[194] l'immortaliseur des glorieux martyrs de la patrie; mais de celle-ci je ferai ton portrait au naturel... hideux comme toi...

TIMON.

Scélérats! vous n'abandonnerez pas mon désert, sans être chargés de mes dons... Tenez, voilà ce qui vous est dû. *(Il les frappe.)*

---

[193] An anachronism: hanging was not a common punishment in ancient Greece, which tended to favour indirect punishments to direct execution. Indeed, historian of ancient law Douglas M. MacDowell finds it 'remarkable that neither hanging nor decapitation seems to have been used' on criminals. See *The Law in Classical Athens* (Ithaca, NY: Cornell University Press, 1978), p. 255.
[194] *Apelle*: See fn 67.

SCÈNE V.[195]

TIMON *seul, jetant son bâton.*

Puisse la réception que je leur ai faite se savoir dans tout Athènes. Elle empêchera sans doute leurs semblables de venir m'importuner. Aucun d'eux, je crois, n'en sera tenté, pas même cet Apémentès, dont la vertu farouche me donnait, d'un ton brutal, des leçons dont j'aurais dû profiter. Eh! qu'il me fuie aussi, lui, comme je fuis le genre humain; Dieux! Dieux! le voilà! je ne puis l'éviter. *(Il se met à travailler.)*

SCÈNE VI.[196]

TIMON, APÉMENTÈS.

APÉMENTÈS, *considérant Timon.*

C'est Timon qui laboure ici près d'un champ pierreux. Quel cortège! qu'il est différent de l'ancien. Je vois à ses côtés la pauvreté, le travail, la force, la sagesse, la vigueur et la troupe des vertus, enfants du besoin.[197] J'y ai vu le faste, l'arrogance, la sotte vanité, la folie, la mollesse, la fourberie et mille autres compagnes de cette espèce, qui s'emparaient du cœur et de l'esprit du prodigue. Avec elles il ne faisait que des fautes. Il estimait tout ce qui est méprisable: il recherchait tout ce qui était dangereux pour lui; il donnait tête baissée dans tous les travers, et les parasites ont déjà oublié s'il exista jamais un Timon.[198]

TIMON.

Tu viens ici m'étaler ton orgueil. C'est lui qui te fait parler. Tu ne méprisais pas mes richesses, mais tu les enviais. Va, si j'ai renoncé à la société des hommes, sais-tu pourquoi? C'est que je les ai trop chéris.

---

[195] This scene is Mercier's invention.
[196] This scene reworks and reorders various elements of Timon's dialogue with Apemantus in *ToA*, IV. 3. 196–393.
[197] Apémentès's opening words here echo those of the god Hermes towards the start of Lucian's *Timon*: 'Our friend Timon is digging in a hilly and stony piece of ground close by. Oho, Poverty is with him, and so is Toil; likewise Endurance, Wisdom, Manliness, and the whole host of their fellows that serve under Captain Starvation…' (Lucian, *Timon*, p. 361). As this allusion to poverty indicates, Apémentès (like his counterpart in Shakespeare, but unlike Pictomane and Spondéas earlier) does not know that Timon has found wealth.
[198] Apemantus addresses a similar claim directly to Timon: 'Thy flatterers yet wear silk, drink wine, lie soft; | Hug their diseased perfumes, and have forgot | That ever Timon was' (*ToA*, IV. 3. 197–99).

APÉMENTÈS.

On m'a rapporté que tu voulais m'imiter, mais cela n'est pas naturel en toi.[199] Qu'est-ce que ta misanthropie toute nouvelle?[200] Elle est née du changement subit de ta fortune:[201] mais qu'elle renaisse demain, tes ridicules et ta folie renaîtront; or, pour la ressusciter promptement, sers-toi des moyens dont on s'est servi pour te la faire perdre.

TIMON.

Comment?

APÉMENTÈS.

Deviens à ton tour faux, fourbe, flagorneur, traître et rampant. Retourne dans ta superbe Athènes; après avoir été la dupe de ce troupeau d'adulateurs, sois leur modèle: que dis-je, surpasse-les? cela est facile. Il est encore des Timon dans Athènes. Le nombre des fous y abonde. Mais vainement y chercherais-tu un Apémentès.[202] La nature ne recommence point un caractère comme le mien. Ne t'avise donc pas de vouloir me contrefaire ici, comme le singe contrefait l'homme. Si tu n'avais pris les grossiers haillons que tu portes, que pour humilier le sot orgueil de tes pareils, je t'approuverais peut-être;[203] mais songe que ce n'est que par désespoir que tu as endossé le vêtement que j'ai choisi, moi, par goût; tu ne fais enfin que par humeur, ce que je fais par principe. N'importe; j'aime à te voir comme tu es, et je sens que je te méprise moins dans l'état où tu es tombé.[204]

TIMON.[205]

Écoute, Apémentès: je n'examine point si tu flattes ici à ta manière jusqu'à l'homme dont tu n'as plus rien à craindre ni à espérer: mais sache qu'il y a une grande distance entre nos caractères. Tu es né dur, intraitable; tu as profané les livrées de la sagesse, en portant tout à l'excès. Dans ta férocité misanthropique, tu n'as jamais eu de sacrifices à faire, parce que né dans l'extrême indigence, tu

---

[199] 'Men report | Thou dost affect my manners and dost use them' (*ToA*, IV. 3. 198).
[200] The word 'misanthropy' does not feature in Shakespeare, beyond Timon's self-allegorizing proclamation to Alcibiades: 'I am Misanthropos and hate mankind' (*ToA*, IV. 3. 54).
[201] 'A poor unmanly melancholy sprung | From change of fortune' (*ToA*, IV. 3. 202-03).
[202] Apemantus's pride in his uniqueness is more muted in Shakespeare, although it is still discernible in his suggestions that Timon's misanthropy is merely a copy of his own (*ToA*, IV. 3. 198; 217).
[203] 'If thou didst put this sour cold habit on | To castigate thy pride, 'twere well; but thou | Dost it enforcedly' (*ToA*, IV. 3. 238-40). Mercier's Apémentès, however, again makes the comparison with himself explicit.
[204] 'Thou shalt find […] | I love thee better now than e'er I did' (*ToA*, IV. 3. 231-32).
[205] Cf. *ToA*, IV. 3. 248-75. Whereas Shakespeare's Timon stresses his pampered upbringing to justify his misanthropy as a response to his newfound hardship, Mercier's stresses his former pleasures in using his wealth to help others — and even remains proud of having done so.

as souffert tous les maux de la nature et ceux de la société, avec une docilité rampante; mais si, comme moi, dès ton berceau, tu avais été pressé dans les bras caressants de la fortune, tu n'aurais jamais souri à ses dons, que pour en faire le plus coupable usage; tu aurais joui avec orgueil, avec hauteur, avec insolence: tu n'aurais pas aimé comme moi à donner à tous, à réconcilier les frères divisés, à rétablir la bonne intelligence entre les époux: j'ai regardé l'amitié comme le premier de tous les biens; aussi ma bienveillance s'étendait-elle à tout le monde, et il suffisait d'être homme pour intéresser mon cœur. Toi, tu n'as connu aucune de ces douces liaisons qui marient les âmes sensibles... L'âpreté n'est point la franchise du caractère; la licence n'est point la courageuse liberté du philosophe. C'est le refuge de tes pareils. Et comment aurais-tu été trompé, trahi, toi qui, étranger à la société, as constamment repoussé tous les humains?

APÉMENTÈS.

Eh! voilà mon titre de gloire.

TIMON.

Garde-le. Qui te disputerait tes admirateurs, ou tes prosélytes. Je suis dépouillé de tout, il est vrai, mais je le suis sans remords. Me voilà malheureux, mais il me reste le souvenir de ne l'avoir point toujours été, et surtout d'avoir empêché plusieurs de le devenir...

APÉMENTÈS.

Tu fais encore le fier.

TIMON.

Certes, oui, de n'être pas toi.[206] Je n'ai plus besoin de tes leçons. Ma chute m'en a plus dit en un instant que tu ne pourrais m'en dire. C'est moi qui puis t'instruire à mon tour.

APÉMENTÈS.

Qui! toi! censeur des hommes! toi leur éternel dupe! Eh! tu n'es encore qu'à l'entrée de la longue carrière de maux, d'opprobres, de mépris, de douleurs et d'humiliations de toute espèce, qui va s'ouvrir devant toi! bientôt Amarilla viendra t'offrir son cœur, Saltidès ses danses, ton cuisinier ses festins, ton intendant ses avances, tes créanciers, leurs bourses, tous tes amis leur éternelle amitié. Les pierres de cette caverne ne te garantiront point des traits qu'ils vont lancer contre ta crédulité. Entends-tu d'ici, tous les sarcasmes qui circulent dans Athènes... Je vais te les répéter.

---

[206] 'Art thou proud yet? — Ay, that I am not thee' (*ToA*, IV. 3. 3. 276).

TIMON.

Tu le peux. Je suis au-dessus de ces traits, au-dessus de tout. Je me sens le courage de vivre seul. Chassé de ma patrie, que d'autres versent des larmes sur ses malheurs; et qui n'irait pas s'enfoncer dans les forêts, pour éviter l'aspect hideux de tant d'hommes aussi froidement cruels? Vois-tu le creux de ce rocher? voilà mon dernier asile; il deviendra mon tombeau. Mon aversion pour la perfide cruauté est grande, mais en même temps, celui qui n'a rien aimé soulève également mon âme.

APÉMENTÈS.

Moi, chérir quelqu'un dans la République d'Athènes qui est devenue un repaire de bêtes féroces?...

TIMON.

Et pourquoi donc en es-tu sorti, Apémentès?

APÉMENTÈS.

Adieu, je te hais.

TIMON.

Quand de tous les Athéniens, il ne restera plus que toi de vivant, viens me l'annoncer... alors tu seras le bienvenu.

SCÈNE VII.[207]

TIMON, LES DÉPUTÉS DU SÉNAT D'ATHÈNES,
escortés d'un nombreux cortège.

TIMON.

Respirons. *(Apercevant les députés.)* Quoi! encore des visages humains!

1er SÉNATEUR, *aux autres*.

Si[208] l'on m'a bien indiqué sa retraite, elle ne doit pas être loin d'ici. *(Ils s'avancent.)*

TIMON, *de loin*.

Retirez-vous, n'approchez pas, ou craignez...

---

[207] Cf. *ToA*, v. 2. The basic structure of the scene is similar to Shakespeare's, but Mercier emphasizes Timon's political grievances more insistently.
[208] *TdA* 1794: 'S'il'.

2ᵉ SÉNATEUR.

Je le reconnais au son de sa voix: avançons.

TIMON.

N'avancez pas! c'est ici mon tombeau; et qui ose profaner les tombeaux? *(À l'entrée de sa caverne.)* Quelle main sacrilège lèvera le voile de la mort qui déjà me couvre…

3ᵉ SÉNATEUR.

Seigneur, dans quel état nous vous trouvons?… Daignez…

1ᵉʳ SÉNATEUR.

Hélas! nous vous plaignons.

TIMON.

Me plaindre! je suis bien… car je suis loin de vous et de votre ville.

3ᵉ SÉNATEUR.

Seigneur, le Sénat vous salue par notre voix.

TIMON.

Le sénat!… Que me veut-il?

3ᵉ SÉNATEUR.

Reconnaissant l'erreur qui lui a fait commettre une injustice qu'il veut réparer, il nous envoie vers vous pour vous conjurer de revenir à Athènes. Oubliez une injure dont nous-mêmes nous sommes très affligés. Le peuple, qui rarement revient de ses préventions, les abjure, sent, avec le besoin qu'il a du secours de Timon, l'indignité de son procédé; il implore votre assistance. Tous confessent que leur ingratitude envers vous fut trop grande, et poussée trop loin. Mais à force d'honneurs accumulés sur votre personne, il effacera, à ce qu'il espère…

TIMON.

Des honneurs!… Je souffre à votre vue. Pestes publiques, vous, auteurs de tant de maux! Oui! je ne le déguise pas, je souffre ici pour toute la Grèce.

1ᵉʳ SÉNATEUR.

Seigneur, je crains bien que dans ce désert votre santé altérée…

TIMON.

Oui! je suis malade de dégoût, de dégoût de ce monde d'où vous avez banni le règne de la justice, des mœurs et des lois... mais bientôt je guéris... Il me tarde de voir arriver le jour où je jouirai d'une éternelle santé.[209]

1er SÉNATEUR.

Ne refusez point de revenir parmi nous? Athènes, que l'armée d'Alcibiade menace de détruire, vous appelle, seigneur, pour la défendre contre les armes de ce rebelle furieux. Vous pouvez tout sur Alcibiade.[210] Serez-vous sourd à la voix de votre patrie qui implore votre secours?

TIMON.

Ma patrie... elle me fut chère, je m'en souviens. Mais je n'ai plus de patrie, je suis mort à l'univers.

2e SÉNATEUR.

Vos concitoyens vont périr, si votre voix toute puissante ne repousse point les attaques du cruel Alcibiade.

TIMON.

Ils vont périr sous ses coups! Que me font leurs désastres? quels désastres pourront jamais expier les longs forfaits des Athéniens, et de vous autres, surtout, sénateurs? Qui pourrait s'empêcher de vouer dans son cœur une haine légitime, une aversion sans bornes aux auteurs de tant de barbaries? D'ailleurs, l'Athénien ne fait pas plus d'attention à son bienfaiteur, qu'à de vieilles épitaphes brisées ou effacées par le temps. Qui était plus dévoré que moi de l'amour du bien public? qui manifestait mieux l'expression de la fraternité la plus franche?[211]

1er SÉNATEUR.

Il est vrai.

TIMON.

Enfin, quel homme a porté plus loin que moi la bienfaisance et la générosité?

---

[209] Mercier here gives a political slant to Timon's lines in Shakespeare: 'my long sickness | Of health and living now begins to mend' (*ToA*, v. 2. 71–72).
[210] In Shakespeare, the Athenians offer Timon 'the captainship' of the army and 'absolute power' (v. 2. 46–47) — rather curiously, since there is no other evidence of his having been a military leader. Mercier makes their appeal more plausible.
[211] Shakespeare's Timon toys with the Senators, twice offering them false hope before bluntly insisting that he does not care what happens to the Athenians (*ToA*, v. 2. 56; 62).

2ᵉ SÉNATEUR.

Nous n'avons pas tous été cruels.... Soyez généreux encore!

TIMON.

Non! je me suis endurci, puis qu'ils l'ont voulu. Il faut bien enfin leur ressembler.[212]

3ᵉ SÉNATEUR.

Nous n'avons pas tous été vos ennemis. Écoutez la miséricorde.

TIMON.

Ils en ont banni jusqu'au nom!... Les scélérats! Ils craignent aujourd'hui les plus justes représailles. Allez, je ne veux pas quitter ma solitude. Je reste seul ici avec ma bêche et mon hoyau, pleurant sur vos crimes, et retournant la terre, notre mère commune; mais satisfait, dans mon désert, de ne plus être témoin de la prospérité des méchants, dont la vue afflige l'homme de bien.

1ᵉʳ SÉNATEUR.

Quoi! nous ne gagnerons rien sur ce cœur ulcéré?... La guerre va rougir de sang les pavés de notre malheureuse ville.

TIMON.

Eh bien! c'est la suite de tout ce que vous avez fait; vos lois politiques, vos lois civiles, toutes ne sont-elles pas cruelles? que doit donc être la guerre?

2ᵉ SÉNATEUR.

Vos compatriotes éplorés vous supplient.

TIMON.[213]

Mes compatriotes![214] sont-ils encore des hommes, après leur lâche indifférence... Impassibles témoins de vos nombreux attentats... mais soit; je leur donnerai un secret qui les sauvera tous, oui tous, s'ils le veulent, des fureurs d'Alcibiade.

---

[212] Cf. Timon's earlier comments about becoming a 'monstre, à l'exemple de tous ceux qui m'entourent' (*TdA*, III. 3).
[213] This exchange, modelled on v. 2. 87–97, has its origins in Plutarch. See Plutarch, *Roman Lives*, ed. by Philip A. Stadter, trans. by Robin Waterfield (Oxford: Oxford University Press, 1999), p. 418. Mercier heightens the tension by having three Senators, not just one, express optimism that Timon has recanted his misanthropy.
[214] *TdA* 1794 contains no exclamation mark.

1ᵉʳ SÉNATEUR.

Oh! il s'apaise.

2ᵉ SÉNATEUR.

Ceci me plaît assez… J'espère.

3ᵉ SÉNATEUR.

Il se rendra… Écoutons… J'espère aussi.

TIMON.

Dites-donc aux Athéniens, et de préférence aux sénateurs, si jaloux de conserver leur existence, qu'il y a dans cette forêt de très beaux arbres,[215] fort commodes pour ceux d'entre eux qui, en se faisant justice, voudront y finir leur destinée: voilà l'offre du dernier service que je peux et que je veux leur rendre.

1ᵉʳ SÉNATEUR.

Sortons.

2ᵉ SÉNATEUR.

Nous le verrions toujours le même.

3ᵉ SÉNATEUR.

Toute notre espérance en lui est donc éteinte?

1ᵉʳ SÉNATEUR.

Retournons, et tentons quelque autre moyen d'écarter l'affreux danger qui nous menace.

3ᵉ SÉNATEUR.

Ce danger demande un prompt remède.

TIMON, *seul*.[216]

Soleil! cache tes rayons![217] Dieux! *(Regardant au loin.)* cet astre si beau! cette terre si magnifique! et l'homme si affreux dans ce beau monde! Dieux! où sont vos

---

[215] In most other versions of the tale, from Plutarch to Shakespeare, Timon owns a specific tree, which he offers the Athenians to use before he cuts it down. It is not clear why Mercier changes this element.
[216] French convention would normally have another scene start at this point.
[217] An echo of Timon's final lines before leaving the Senators: 'Sun, hide thy beams! Timon hath done his reign' (*ToA*, v. 2. 108).

tonnerres?[218] eh! pourquoi ne les voit-on plus lancer leurs flammes vengeresses contre les coupables? qui pourra désormais les retenir? eh! que ne feront point le crime insolent et l'audace effrénée, lorsqu'ils seront assurés de l'impunité? Dieux! dans ces épouvantables jours, donnez du moins une marque de votre puissance; l'homme n'est plus fait à votre image. Que je ne voie plus les mœurs cruelles des Athéniens, la multitude des délateurs, la horde des brigands, la foule des assassins, et ces nombreux forfaits tous commis, pour comble d'horreurs, au nom sacré de la patrie. Dieux! délivrez-moi de cette cité si froidement criminelle... Cette terre me reste, elle ne saurait m'être enlevée; et parmi les végétaux qui couvrent son sein, j'y trouverai les poisons qu'elle y fait croître, et que mon désespoir implore. Oui, vous permettrez, justes dieux, que parmi ces plantes sauvages... *(Il cherche parmi celles qui environnent sa caverne.)* Je connais la vertu libératrice de celle-ci. *(Il l'arrache.)* Ô joie! nature, je te pardonne de m'avoir fait naître, puisque tu[219] m'as accordé la faculté de ne plus exister. *(Il suce avidement les fruits attachés à la plante.)* C'en est fait; mon destin est rempli. Je sens de la volupté à mourir. J'ai besoin de ne plus voir Athènes et la lumière. Oui! bientôt je ne serai plus témoin des crimes qu'elle a soufferts dans son sein. *(Il s'enveloppe la tête de son manteau, s'assied sur la pierre de sa caverne.)* La mort vient, je la sens, ou plutôt je la savoure. Puisse mon dernier soupir être celui de tous les méchants!...

FIN DU CINQUIÈME ET DERNIER ACTE.

---

[218] Lucian's Timon asks the same thing of Zeus in his opening monologue: 'O Zeus, where now is your pealing levin [i.e. thunderbolt], your rolling thunder, and your blazing, flashing, horrid bolt?' Lucian, *Timon*, p. 327.
[219] In *TdA* 1794, the last letters of this line and the next have been exchanged, leading to the nonsensical endings 'puisque tu *avi-*' and '*(Il suce* m'as'.

BIBLIOGRAPHY

Primary sources

CICERO, MARCUS TULLIUS, *Pro Archia Poeta*, in *Orations*, IV: *Pro Archia. Post Reditum in Senatu. Post Reditum ad Quirites. De Domo Sua. De Haruspicum Responsis. Pro Plancio*, trans. by N. H. Watts (Cambridge, MA: Harvard University Press, 2014)

DUCIS, JEAN-FRANÇOIS, *Le Roi Léar, tragédie en cinq actes* (Paris: Gueffier, 1783)

KANT, IMMANUEL, 'Beantwortung der Frage: Was ist Aufklärung?', *Werke*, ed. by Wilhelm Weischedel, 10 vols (Darmstadt: Wissenschaftliche Buchgesellschaft, 1968–70)

LA PLACE, PIERRE-ANTOINE, *Théâtre anglois*, 8 vols (London: [n. pub.], 1746–49)

LETOURNEUR, PIERRE, *Shakespeare, traduit de l'anglais*, 20 vols (Paris: Mérigot, 1776–82)

LUCIAN OF SAMOSATA, *Timon; or, the Misanthrope*, trans. by A. M. Harmon, in *The Works of Lucian*, Loeb Classical Library, 8 vols (Cambridge, MA: Harvard University Press; London: Heinemann, 1913–67), II, (1915), pp. 326–93

MERCIER, LOUIS-SÉBASTIEN, *De la littérature et des littérateurs suivi d'un Nouvel examen de la tragédie française* (Yverdon: [n. publ.], 1778)

——, *Du théâtre, ou nouvel essai sur l'art dramatique* (Amsterdam: van Herrevelt, 1773)

——, *Le Nouveau Paris* (Paris: Mercure de France, 1994)

——, *Les Tombeaux de Vérone, drame en cinq actes* (Neuchâtel: Imprimerie de la Société Typographique, 1782)

PLUTARCH, *Roman Lives*, ed. by Philip A. Stadter, trans. by Robin Waterfield (Oxford: Oxford University Press, 1999)

ROUSSEAU, JEAN-JACQUES, *Œuvres complètes*, ed. by Bernard Gagnebin and Marcel Raymond, Bibliothèque de la Pléiade, 5 vols (Paris: Gallimard, 1959–95)

SHADWELL, THOMAS, *The History of Timon of Athens, the Man-Hater* (London: Herringman, 1678)

SHAKESPEARE, WILLIAM, *Timon of Athens*, ed. by Anthony B. Dawson and Gretchen E. Minton, The Arden Shakespeare (London: Bloomsbury, 2008)

——, *Timon of Athens*, ed. by John Jowett, The Oxford Shakespeare (Oxford: Oxford University Press, 2008)

——, *King Lear*, ed. by R. A. Foakes, The Arden Shakespeare (London: Bloomsbury, 1997)

——, *King Lear*, ed. by Kenneth Muir, The Arden Shakespeare (London and New York: Routledge, 1987)

VOLTAIRE, *Correspondence and related documents*, ed. by Theodore Besterman, in *Complete Works of Voltaire*, 205 vols (Geneva, Banbury, and Oxford: Institut et Musée Voltaire and Voltaire Foundation, 1968–2022)

——, *Dissertation sur la tragédie ancienne et moderne*, ed. by Robert Niklaus, in

Complete Works of Voltaire, 205 vols (Geneva, Banbury, and Oxford: Institut et Musée Voltaire and Voltaire Foundation, 1968-2022), XXXA (2003), 139-64

Secondary sources

AGGÉRI, ROBERT, 'Le répertoire du théâtre de Louis-Sébastien Mercier en province', *Dix-huitième siècle*, 35 (2003), 519-36

BIARD, JACQUELINE, 'L'image de Jean-François Ducis dans la presse avant la Révolution', *Cahiers Roucher-André Chénier*, 4 (1984), 53-77

BONNET, JEAN-CLAUDE, ed., *Louis Sébastien Mercier (1740-1814): un hérétique en littérature* (Paris: Mercure de France, 1995)

BROOKS, HELEN ELPHINSTONE, 'Eighteenth-Century French Translations and Adaptations of Shakespeare' (unpublished doctoral thesis, Northwestern University, 1960)

BROWN, GREGORY S., *A Field of Honor: Writers, Court Culture, and Public Theater in French Literary Life from Racine to the Revolution* (New York; Chichester: Columbia University Press, 2005)

CARLSON, MARVIN, *The Theatre of the French Revolution* (Ithaca, NY: Cornell University Press, 1966)

CLOUTIER, ANNIE, 'Un corps et une plume pour habiter le temps: l'œuvre en miettes de Louis Sébastien Mercier' (unpublished doctoral thesis, Université Laval, 2011)

GAY-CROSIER, Raymond, 'Louis-Sébastien Mercier et le théâtre', *Études littéraires*, 1 (1968), 251-79

GILLET, JEAN, 'Le modèle anglais: histoire d'un revirement', in *Louis Sébastien Mercier (1740-1814): un hérétique en littérature*, ed. by Jean-Claude Bonnet (Paris: Mercure de France, 1995), pp. 375-95

GOLDER, JOHN, *Shakespeare for the Age of Reason: The Earliest Stage Adaptations of Jean-François Ducis 1769-1792*, Studies on Voltaire and the Eighteenth Century 295 (Oxford: Voltaire Foundation, 1992)

GURY, JACQUES, '*Les Tombeaux de Vérone* de L.-S. Mercier ou *Roméo et Juliette* aux Lumières de l'Orient', *Dix-huitième siècle*, 7 (1975), 289-300

HARRIS, JOSEPH, 'The Aesthetics of Torture: Diderot's Theater of Cruelty', in *Shadows of the Enlightenment: Tragic Drama During Europe's Age of Reason*, ed. by Blair Hoxby (Columbus: The Ohio State University Press, 2022), pp. 237-58

——, *Inventing the Spectator: Subjectivity and the Theatrical Experience in Early Modern France* (Oxford University Press, 2014)

——, *Misanthropy in the Age of Reason: Hating Humanity from Shakespeare to Schiller* (Oxford University Press, 2022)

HOFER, HERMANN, ed., *Louis Sébastien Mercier, précurseur et sa fortune: recueil d'études sur l'influence de Mercier, avec des documents inédits* (Munich: Fink, 1977)

HORN-MONVAL, MADELEINE, *Les Traductions françaises de Shakespeare: à l'occasion du quatrième centenaire de sa naissance, 1564-1964* (Paris: Centre national de la recherche scientifique, 1963)

MACDOWELL, DOUGLAS M., *The Law in Classical Athens* (Ithaca, NY: Cornell University Press, 1978)

MAJEWSKI, HENRY F., *The Preromantic Imagination of L.-S. Mercier* (New York: Humanities Press, 1971)

STACKELBERG, JÜRGEN VON, '*Hamlet* als bürgerliches Trauerspiel: Ideologiekritische Anmerkungen zur ersten französischen Shakespeare-Bearbeiting von Jean-François Ducis', *Romanistische Zeitschrift für Literaturgeschichte* 3: 1–2 (1979), 122–35

VENUTI, LAWRENCE, *The Translator's Invisibility: A History of Translation* (London: Taylor and Francis, 1994)

www.ingramcontent.com/pod-product-compliance
Lightning Source LLC
Chambersburg PA
CBHW071506150426
43191CB00009B/1437